グローバル競争を勝ち抜くための

「取締役会改革」入門

本村 健
MOTOMURA TAKESHI

幻冬舎
MC

はじめに

国際市場を巡る企業間の競争はかつてないほど激化しています。

国際競争の主役としてまず名が挙がるアメリカの巨大ＩＴ企業・ＧＡＦＡ（グーグル、アップル、フェイスブック、アマゾン）は急速に成長し、世界各国でシェアを広げました。

伸長著しい中国企業も、バイドゥやアリババ、テンセント、ファーウェイなどのデジタルプラットフォーマーを中心に、影響力を強めています。

ＧＡＦＡも中国企業も今なお技術革新や事業拡大に邁進しており、経済環境が変化しても勢力を伸ばしていくでしょう。

日本企業がグローバル市場で生き残るためには、これらの〝強敵〟を相手に厳しい競争を勝ち抜いていかなければならないのです。そのためには何が必要なのでしょうか。

ひとつ指摘できることは、取締役会が有効に機能していないために成長力や競争力を大きく削がれてしまっている日本企業が決して珍しくないということです。具体的には取締役会が本来の役割を果たせなかったために、隠蔽や改ざんといった不祥事を招いて計り知れないダメージを被ったり、持続的な成長に必要なM&Aや新規投資を行えずにいる企業が少なくありません。取締役会が馴れ合いの場と化し、経営をチェックできずにいるのです。

一方、成長し続ける世界企業は、取締役会が十分な役目を果たせる環境を整備することに意を注ぎ続けてきました。現在、グローバル市場において高い評価を得ている企業は取締役会の機能強化・改善に努め、それによって不祥事の最大限の予防と時代の変化に対応した迅速な経営戦略の実現を可能としてきたのです。

つまり、日本企業が国際競争を勝ち抜くためには、取締役会の現状を抜本的に改めること――すなわち〝取締役会改革〟の断行が不可欠だということです。

とりわけ、現在、世界的な潮流として取締役会の監視監督機能を強化する動きが強まっています。それに伴い、経営者の執行状況を効果的にモニタリングするための仕組みづくりが特に大きなテーマとなるでしょう。

本書では、日本企業が取り組むべき取締役会改革について、取締役会で行われている議論の一端に触れつつ詳しく解説しました。

まず日本の取締役会が抱える問題点を明らかにし、改革を実現するためのポイントを説明、さらに、改革を成し遂げた企業の未来像を示しました。

また、取締役会改革を進める際には、社外取締役（および社外監査役）の実効性をどのように担保するかが重要な課題となります。

そこで、社外取締役を活用するうえで知っておくべき基礎的な知識や注意点はもちろん、具体的な活用方法についても事例を基に紹介しています。

新型コロナウイルス危機をきっかけに、社会構造や生活様式、働き方に関する意識が変化しました。また、株主を第一とする資本主義のあり方も問われています。地球環境問題、海洋汚染問題も深刻です。ＳＤＧｓやＥＳＧの観点から、ステークホルダーに目配せした経営が強く求められています。人々の意識の変化は、新たなビジネスチャンスやイノベーションの可能性をもたらすでしょう。変化に対応するためにも、今こそ、取締役会改革に意欲的に取り組むことが強く求められています。

本書が改革のささやかな一助となれば、著者としてこれに勝る喜びはありません。

グローバル競争を勝ち抜くための「取締役会改革」入門　目次

［第3章］　日本企業の取締役会にメスを　改革を成功させる7つのポイント

［第1章］

激化するグローバル競争
勝ち残るためには
取締役会の改革が必須

世界時価総額ランキングの上位から日本企業は消えた

かつて、日本がグローバル経済において圧倒的な存在感と輝きをもっていた時代がありました。今から30年近く昔の話です。

当時、日経平均株価は現在よりも1万円以上高く、1989年12月29日には史上最高値の38957円を記録しました。

また、その頃、世界時価総額ランキングの上位はほとんどが日本企業によって占められていました。

上位20位内のうちIBM（米国）、エクソン（米国）、ロイヤル・ダッチ・シェル（英国）、GE（米国）、AT&T（米国）、フィリップ・モリス（米国）を除けば、ほかはすべて日本の企業・銀行だったのです。

ちなみに、1位はNTT、2位は日本興業銀行（現みずほ銀行）、3位は住友銀行（現三井住友銀行）でした。

しかし、現在、国際市場における日本の存在感は大きく低下し、かつての輝きは失われ

［図表１］世界時価総額ランキング　（2020年8月現在）

1	サウジアラムコ	サウジアラビア
2	マイクロソフト	アメリカ
3	アップル	アメリカ
4	アマゾン	アメリカ
5	アルファベット	アメリカ
6	フェイスブック	アメリカ
7	アリババ	中国
8	テンセント	中国
9	バークシャー・ハサウェイ	アメリカ
10	ジョンソン＆ジョンソン	アメリカ
11	ビザ	アメリカ
12	ウォルマート	アメリカ
13	ネスレ	スイス
14	ロシュ・ホールディング	スイス
15	P&G	アメリカ
16	JPモルガン・チェース	アメリカ
17	サムスン電子	韓国
18	ユナイテッドヘルス・グループ	アメリカ
19	マスターカード	アメリカ
20	台湾セミコンダクター	台湾

（データベースサイト「Statista」を基に作成）

ています。前ページに挙げた表はそれを如実に表すものといえるでしょう。同表は２０２０年時点における世界時価総額ランキングの上位20位を示したものです。

そこに日本企業の名は一社もありません。文字通り、影も形も見えません。上位10社を見ると目に付くのはアメリカのＩＴ企業です。マイクロソフトのほかに、ＧＡＦＡと呼ばれるＩＴ業界の４強、アップル、アマゾン、グーグル、フェイスブックの名もしっかりとあります（５位のアルファベットはグーグルの持株会社です）。

フォーチュン・グローバル５００のランクイン企業は中国が最多

それから、現在と30年前の時価総額ランキングを見比べると、もう一つ気づかされることがあります。それは30年前には存在しなかった中国企業の名前が複数見られることです。7位のアリババ、8位のテンセントは伸長著しい中国のＩＴ企業であり、デジタルプラットフォーマーを中心に、国際的な影響力を強めています。

また、左ページに挙げたのは、世界最大の英文ビジネス誌「フォーチュン」が毎年発表している世界的な企業ランキング「グローバル５００」のランクイン企業数の推移を示し

［図表２］「グローバル500」ランククイン企業数の推移
（2000 ～ 2020 年）

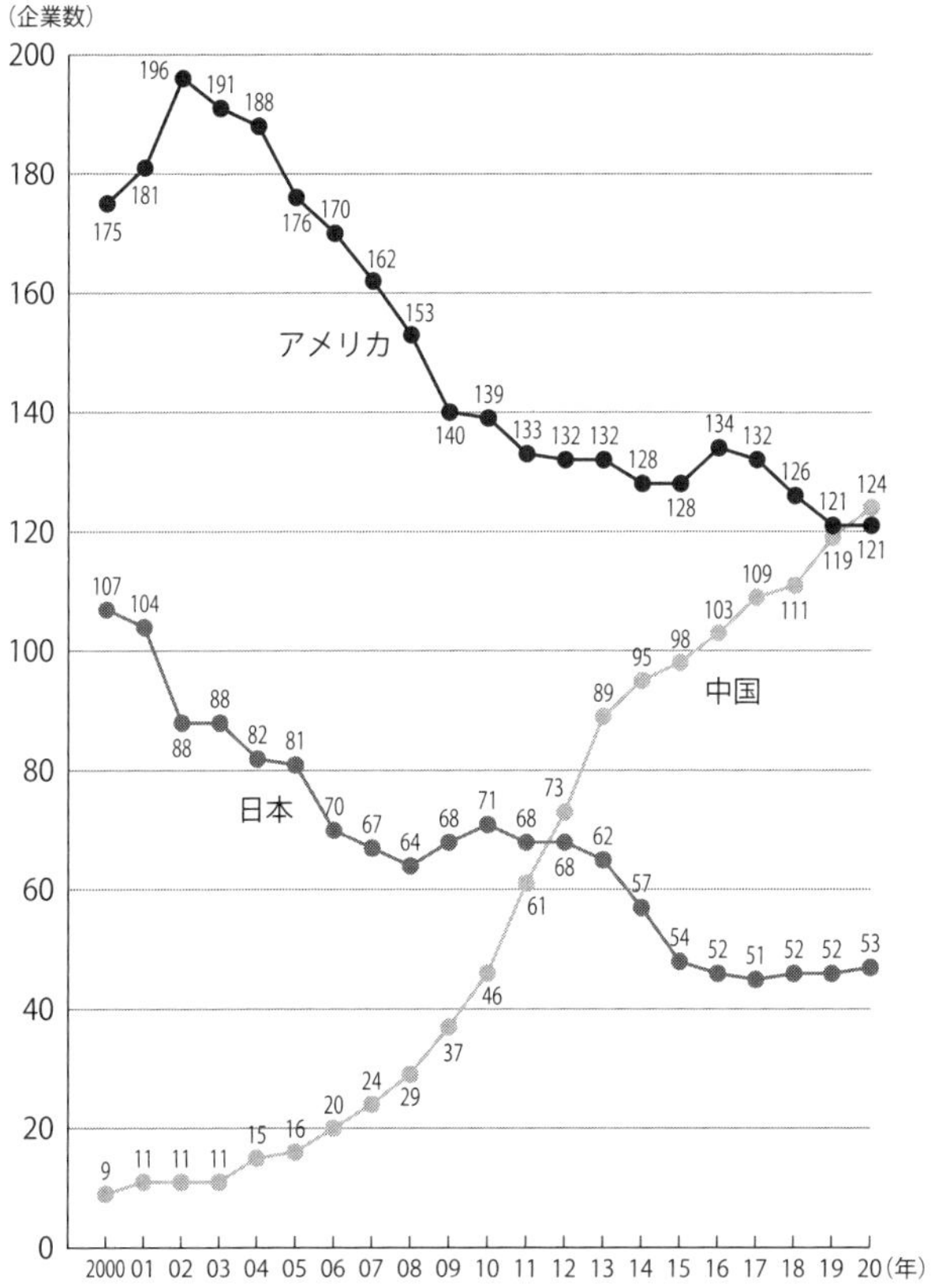

（成美堂『今がわかる 時代がわかる 日本地図2020年版』をもとに作成）

たものです。

２０００年にはわずか９社だった中国企業が、右肩上がりで増え続け、近年は日本企業はおろかアメリカ企業の数を上回っていることが分かります。

失われた30年、革新的な商品・サービスは何も生まれなかった

アメリカのＧＡＦＡ、中国のアリババやテンセントなどの国際的ＩＴ企業は、先進的な技術を駆使した商品・サービスを市場に提供し続けてきました。つまりは、新たなイノベーションによって市場を切り開いてきたわけです。

かつて、日本の企業もそれまでになかった画期的な商品・サービスを次々と世界に提供していたことがありました。インスタントラーメン、家庭用ビデオテープレコーダ、ウォークマン®などなど……。

これらの製品は世界各国の人々の生活、文化を大きく変化させました。ことにウォークマン®はアップルの創始者であるスティーブ・ジョブズに感動を与え、その企業家マインドにも深い影響を与えたといわれています。

では、いわゆる失われた30年の間に日本企業はかつてのように世界を変えるほどのイノベーションをもたらすことができたのでしょうか。

その問いに対して、イエスと答えられる人はおそらくほとんどいないでしょう。少なくとも、アップルのiPhone、グーグルの検索エンジン、アマゾンの巨大ECサイト、フェイスブックのSNSサービスに匹敵するような商品・サービスを、日本企業は生み出してはいないはずです。

オリンパス、東芝、日産……止まらない上場企業の不祥事

イノベーションの低迷・停滞と並んで、日本企業が現在、抱えている深刻な病弊としては企業不祥事を挙げることもできるでしょう。

近年、企業不祥事が発覚し、報道されるケースが後を絶ちません。その中には世界的に名の通った大手企業のケースも少なからず含まれています。

とりわけオリンパス、東芝、日産、スルガ銀行、関西電力の事件などはマスコミでも大々的に報道されました（次ページの図表参照）。

［図表3］近年の主な企業不祥事

企業名	不祥事の概要
オリンパス	巨額の損失を10年以上にわたり隠蔽し、負債を粉飾決算で処理していたことが2011年に発覚。同社元会長らは逮捕され、有罪判決を受ける。
東　芝	不正会計により2000億円以上の利益の水増しを行う。2015年から証券取引等監視委員会の調査が始まり、歴代3社長が不正に関わっていたことが明らかにされた。
神戸製鋼所	2017年に金属製品の品質データを改ざんしていたことが発覚。不正競争防止法違反（虚偽表示）の罪に問われ、罰金1億円の判決を受ける。
スルガ銀行	シェアハウス事業を展開していた不動産業者が2018年に事業破綻したことをきっかけに、巨額の不正融資が明らかになる。経営陣は刷新され、筆頭株主も創業家から大手家電量販店のノジマに変った。
日　産	2018年に同社のカルロス・ゴーン会長（当時）らが、役員報酬の額を実際よりも少なく有価証券報告書に記載していたとして金融商品取引法違反で逮捕される。2019年に保釈中だった同氏はレバノンに逃亡する。
関西電力	同社の原子力発電所がある福井県高浜町の元助役から、同社会長（当時）らが多額の金品を受領していたことが2019年の共同通信のスクープ記事で明らかになる。報道を受けて会長ら6人の幹部が一斉辞任した。

ちなみに世界的なコンサルティングファーム、KPMGは2006年から「日本企業の不正に関する実態調査」を実施してきました。それによれば、過去3年間に企業グループ（回答企業単体、国内子会社、海外子会社）のいずれかで不正が発生したと回答した企業は135社に及んでいました。

回答企業の約32％、つまりは3社に1社の割合で不正が発生しており、2016年の前回調査（不正発生割合約29％）よりも増加しているのです。

不正の内容として最も多かったのは回答企業単体、国内子会社および海外子会社のいずれにおいても、「金銭・物品の着服または横流し」であり、次いで「粉飾決算等の会計不正」「水増し発注等によるキックバックの受領」が上位を占めています。

日本人は一般に遵法意識が強く、個々人のコンプライアンス感覚は決して低くないはずです。

しかし、〝組織におけるコンプライアンス感覚〟に関しては知らず知らずのうちに鈍磨（違法性の鈍磨）するケースが少なくないことを、日本企業の不祥事の数が物語っているように思われます。

その背景には、自らが率先してルール（法）を破ることは潔しとしないが、付和雷同してルールを破ることはあまりためらわない、いわゆる「赤信号みんなで渡れば怖くない」式の集団意識が働いているのかもしれません。

リスクを取らない企業経営者たち

先に述べたように失われた30年の間に、日本の企業からはGAFAのような革新的な商品・サービスは現れませんでした。画期的なイノベーションによって新たな市場を生み出すような独創性をもった日本企業は登場しなかったのです。その大きな要因は、企業経営者の多くがリスクを取ろうとしなくなったことに求められるのかもしれません。

新たな試みやチャレンジにはリスクがつきものです。GAFAの企業経営者たちは、そうしたリスクをものともせず、イノベーションへの挑戦を続け成功をつかみとったのです。彼らはおそらく、リスクを恐れるどころか、むしろそれを喜んで受け入れたのでしょう。

ちなみに、公益財団法人の日本生産性本部が企業経営幹部を対象に2018年に実施した「イノベーションを起こすための工夫に関する企業アンケート報告書」では、「日本企

［図表４］破壊的なイノベーションの阻害要因

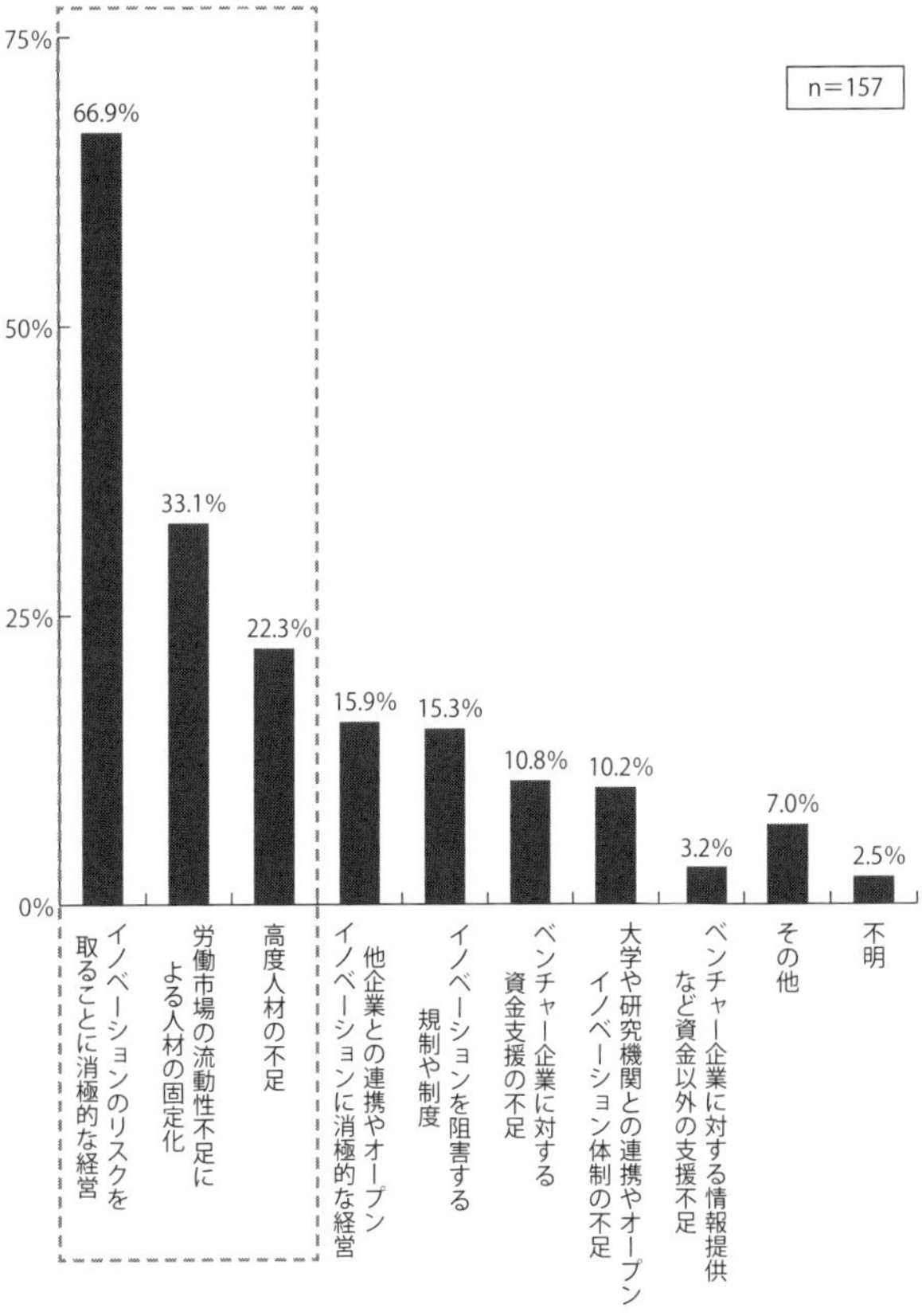

（日本生産性本部「イノベーションを起こすための工夫に関する企業アンケート報告書」より）

業は破壊的イノベーションを起こしにくい」と考える回答者が66％に及んでいます。

また、破壊的イノベーションを起こしにくい最大の要因を、「イノベーションのリスクを取ることに消極的な経営」とする回答が7割近くに達していました。

コロナ危機に直面する日本企業

ＧＡＦＡや中国企業との競争が激しくなる状況の中で、日本企業は目下、新たな課題・問題にも直面しています。

一つは、コロナ危機、すなわち新型コロナウイルスの蔓延によってもたらされている世界的な経済危機の問題です。

２０２０年8月現在、新型コロナウイルスの感染者数は全世界で１０００万人をゆうに超えており、各国に甚大な被害をもたらしているところです。

日本もその例外ではなく、経済産業省は新型コロナウイルスが経済にもたらす影響を次のようにまとめています。

①日本の実質GDP成長率はリーマン・ショックを超えるマイナス水準となる見込み

・世界銀行は、日本の実質GDPが2020年にマイナス6・1%に低下すると予測。

・これは、リーマン・ショックの悪影響を受けた2009年のマイナス5・4%を超える水準。

②多くの企業で、昨年同月比較の売上が落ち込み

・調査会社の日本企業に対するアンケートによると、1年前と比べて売上が減少した企業の割合は全体の84%(2019年4月と2020年4月の比較)。

・特に、飲食、宿泊、フィットネスクラブ・映画・劇団等では、売上が減少した企業の割合が95%以上。

③世界の自動車販売台数、国内の自動車生産台数はともにリーマン・ショック時と同等以上の水準で下落

・リーマン・ショック時のように需要減が長期化した場合、影響はより深刻化する可能性。

④「コロナ危機」の性格:需給両面でのショック併発

・国境封鎖、外出制限等の移動制限により、供給ショックと需要ショックが併発。

供給ショック：グローバルサプライチェーンの寸断、サービスの提供停止
需要ショック：対面サービスや人の移動に関連した需要の蒸発
（経済産業省「新型コロナウイルスの影響を踏まえた経済産業政策の在り方について」より）

ここに挙げられている数字だけを見ても、コロナ危機が企業の売上・利益に途方もないダメージをもたらすことは明らかでしょう。

この未曾有の危機をどのように乗り越えるのかを、すべての日本企業が試されているのです。

ＥＳＧ・国連ＳＤＧｓを意識しないと投資家から相手にされなくなる

また、もう一つ、多くの企業が、とりわけ上場企業が注意を払うべきテーマとしてＥＳＧと国連ＳＤＧｓの問題も挙げなければなりません。

ＥＳＧとは、環境（Environment）、社会（Social）、ガバナンス（Governance）の3要素の総称です。従来の財務情報だけでなく、これらのＥＳＧを重視した投資行動はＥ

［図表５］SDGsの17の目標

①貧困をなくそう　②飢餓をゼロに　③すべての人に健康と福祉を　④質の高い教育をみんなに　⑤ジェンダー平等を実現しよう　⑥安全な水とトイレを世界中に　⑦エネルギーをみんなに、そしてクリーンに　⑧働きがいも経済成長も　⑨産業と技術革新の基盤をつくろう　⑩人や国の不平等をなくそう　⑪住み続けられるまちづくりを　⑫つくる責任、つかう責任　⑬気候変動に具体的な対策を　⑭海の豊かさを守ろう　⑮陸の豊かさも守ろう　⑯平和と公正をすべての人に　⑰パートナーシップで目標を達成しよう

（外務省ホームページより）

ＳＧ投資と呼ばれています。

一方、国連ＳＤＧｓとは、２０１５年９月の国連サミットで採択された国際目標です。ＳＤＧｓは「持続可能な開発目標（Sustainable Development Goals)」の略称で、２０３０年までに持続可能でよりよい世界を実現することを目指しており、17のゴール・１６９のターゲットで構成されています。

ＳＤＧｓは発展途上国のみならず、先進国自身が取り組むユニバーサル（普遍的）なものという位置付けが与えられており、日本でも政府を中心に積極的な取り組みが進められているところです。

世界的にも、ＥＳＧや国連ＳＤＧｓを意識しない企業は、投資家や消費者などのエンドユーザーから敬遠される流れが生まれつつあります。

そのため、企業経営者にはそれらを意識した経営に取り組むことが強く求められているのです。

勝ち残るためには取締役会改革が不可避

このように、日本企業がこれから国際市場で生き残るためには、コロナ危機への対応や、ＥＳＧ・国連ＳＤＧｓへの取り組みを行いつつ、ＧＡＦＡや中国企業に打ち勝つための戦略を立て、実践していかなければなりません。

そのためには、企業ガバナンスの改革が、具体的には〝取締役会改革〟が不可欠となるでしょう。

欧米とは異なる日本型ガバナンスは、少なくとも昭和の後半までは機能し、そのもとで多くの企業を世界的なプレーヤーとして羽ばたかせました。

しかし、平成を経て、令和の時代を迎えた現在、そのガバナンスシステムは制度疲労を起こしており、もはや満足に機能することが難しくなっています。

そうした状況を改め、日本企業が新たなイノベーションを起こし成長を続けるためには、ガバナンスの中核である取締役会の抜本的な改革に取り組まなければならないのです。

［第2章］

取締役会の本来的役割と問題点

取締役会の役割は何か

日本企業が取り組むべき取締役会改革の中身やポイントを知る前に、まずは取締役会に関する基本的な知識を確認しておきましょう。

最も基礎的なことから触れると、取締役会は会社法上の機関であり、同法では「すべての取締役で組織される合議体」と定義されています。また、その主な職務として以下の3つが挙げられます。

・会社の業務執行の決定

法令および定款により総会の決議事項とされた事項を除き、取締役会は会社の業務執行のすべてについて決定する権限を有します。

・取締役の職務の執行の監督

取締役会は業務執行に関する意思決定を行いますが、決定された業務を実際に執行するのは代表取締役や業務執行取締役であり、取締役会は、これらの取締役による職務執行を監督しなければなりません。

・代表取締役の選定および解職

取締役会は、取締役による職務執行が適法または適正でないと判断する場合、究極的には代表取締役等を解職することにより、その監督機能を実現することとなります。

このように、取締役会は①会社の業務執行について決定し、②代表取締役等の選定・解職権限を背景として、その職務執行を監視監督する役割・機能をもちます。

取締役会のもつ①の機能は「意思決定機能」、②の機能は「監視監督機能」と呼ばれています。

取締役会の機能はエージェンシー理論によって裏付けられている

ではなぜ、取締役会にはこうした意思決定と監視監督の機能が認められているのでしょうか。

その理由はエージェンシー理論によって説明することが可能です。

エージェンシー理論とは、プリンシパル（行為を委任する者）とエージェント（行為を受任した者）との関係を起点として両者の利害が一致しないときに発生する問題やその対策方法について考察する理論です。

欧米では企業のガバナンスを巡るさまざまな問題について、このエージェンシー理論を適用して検討されています。

具体的に述べると、株式会社ではその所有者である株主が、最終的に会社の意思を決定することになります。

しかし、現実には株主全員が集まって会社経営に関する日々の細かな問題について決定していくことは困難です。とりわけ、株主の数が数千人、数万人規模になることが珍しくない上場会社の場合は、ほとんど不可能といってよいでしょう。

そのため、取締役を選任して、取締役によって構成される取締役会に業務の執行を決定させ、さらに代表取締役や業務執行取締役に執行させる仕組みを取っています。

このように、株式会社では株主がプリンシパルとして取締役に業務の執行を委ねており、その結果としてエージェントである取締役によって組織される取締役会が意思決定の機能も与えられているわけです。

ただ他方で、エージェントは、つまりは業務を執行する代表取締役や業務執行取締役は常にプリンシパルである株主の利益にかなった行動を取るとは限りません。すなわち、経営者は〝暴走〟する恐れがあるわけです。

そこで、代表取締役や業務執行取締役が株主の利益に反する行動を取らないよう、その行動をモニタリングする役割も、取締役会に負わせているのです。

これが、取締役会に監視監督の機能も認められている理由です。

日本の取締役会は監視監督機能を満足に果たせずにいる

このようにエージェンシー理論の考え方を背景として、取締役会には意思決定と監視監督の2つの機能が認められています。

企業のガバナンスが適正に機能するためには、取締役会がこの2つの機能をバランスよく果たすことが必要です。

しかし、多くの日本企業ではそれが必ずしも実現できずにいます。具体的には、取締役会が意思決定機能ばかりを果たし、監視監督機能を十分に行使していない現状が存在するのです。

日本能率協会総合研究所が2019年3月に発表した社外取締役等に関する調査では、そうした現実がはっきりと数字で示されています。

同調査では東証1部・2部上場の企業を対象に取締役会の機能についてアンケートが行われています。具体的には、取締役会が果たしている機能について、「意思決定機能が強いか」「監督機能が強いか」を尋ねており、以下のような回答結果が得られています。

①意思決定機能が強い　11・7％
②意思決定機能がやや強い　40・6％
③均衡がとれている　27・9％
④監督機能が強い　6・4％
⑤監督機能がやや強い　13・4％

このように、「意思決定機能が強い」「意思決定機能がやや強い」の合計が5割を超えているのに対して、「監督機能が強い」「監督機能がやや強い」の合計は2割を下回っているのです。

また、「均衡がとれている」は3割にも達していません。

取締役会が監視監督機能を満足に果たせずにいるという認識をもつ上場企業が決して少なくないことが分かるでしょう。

取締役会では何を議論しているのか

続いて、取締役会ではどのようなことが議論されるのかを確認しましょう。

取締役会で議論される事項（付議事項）には大きく、決議が求められる事項と単に報告だけにとどまる事項の2つがあります。前者を①決議事項、後者を②報告事項といいます。両者の具体的な中身は、法令で決議事項とされているものを除けば、企業によって異なります。

ちなみに、一橋大学の江川雅子特任教授が上場企業13社に行った調査によれば、取締役会における年間議題数は92・2、1回当たり議題数は6・8、決議事項と報告事項の割合は46・6％対53・4％となっています（2020年7月24付日本経済新聞「トップの姿勢が重要に　社外取締役制度の課題」より。

また、近年は決議事項、報告事項のどちらでもない中間的な性質をもつ審議事項とよばれるものが取締役会で議論されるケースも増えています。審議事項の例としては以下のようなものが挙げられます。

・取締役会の役割そのものに関する事項
・取締役会の構成に関する事項
・中長期の経営計画
・内部統制システムの基本方針の是非
・重要案件等の進捗状況
・後継者計画

取締役会に取締役だけでなく、社内執行役員が出席し、重要な議題については説明してもらうことも多くあります。このようなケースは上場企業全体で増えていると思われます。

形骸化する取締役会

ここで取締役会の〝リアルな現実〟にも触れておきましょう。

取締役会というと、参加している取締役全員（監査役も参加します）が活発に意見を交わしあっているイメージを思い浮かべるかもしれませんが、必ずしもそうとは限りません。むしろ、発言・質問するのは一部の意欲的な取締役だけで、そのほかの参加者は黙って席に座っているというケースが少なくありません。

また、取締役会が議論の場というよりも、単なる報告の場と化していることも少なくないように思われます。決算書に記載された売上や利益の数字が、ただお経のように読み上げられておしまいとなることが珍しくありません。

日本では、取締役会が予定調和のうちに進み、そして終了することが期待されており、予定外のことが議題に挙げられることを避ける傾向があります。

例えば代表取締役が想定外のことを問われたような場合には、本来であればその場で突っ込んだやり取りが行われることが望ましいはずです（実際、私が社外取締役を務めている会社ではそうです）。

ただ、現状ではそのような会社はあまり多くはないのではないでしょうか。

このように、取締役会で中身のある議論が積極的に行われず、形ばかりのものになっている現実は、「取締役会の形骸化」とよばれ日本企業のガバナンスが抱える大きな問題の一つとして指摘されてきたのです。

身内意識が邪魔をして経営者の暴走をおさえられない

ではなぜ、こうした取締役会の形骸化が生まれているのでしょうか。

その大きな理由の一つとして、日本の企業では、取締役の地位が社内の〝出世すごろく〟の上がりとなっていることがあります。入社以来、一生懸命努力して、会社に尽くし、係長、課長等々と昇進を重ねていき、取締役そしてあわよくば代表取締役になることが、多くのサラリーマンの夢と願いといってよいでしょう。

そして取締役会の中にいる取締役たちはその夢をかなえた人たちです。つまりは、A取締役、B取締役、C取締役……は互いに会社の先輩・後輩の関係にあるわけです。

日本社会では、先輩と後輩は身内と同じです。また、上下関係を大事にするために、後輩は先輩に対して正面からものをいえません。このような身内意識や上下関係が邪魔をして、取締役会が十分に機能せず、経営者の暴走や不正をおさえられない事態がもたらされているのです。

経営トップの不作為もチェックできずにいる

また、もう一つ、取締役会が形骸化しているために、多くの企業は経営トップの不作為も防ぐことができずにいます。

不作為とは、行うべき義務があるのに、それを故意に行わないことです。企業経営における不作為の例としては、持続的な成長に必要なM&Aや新規投資を行わないこと、あるいは撤退すべき事業から撤退せずにいることなどが挙げられるでしょう。

取締役会のメンバーである取締役には、そうした経営者の不作為をチェックして、本来行うべきことを行うよう促すことも求められているはずです。

しかし、経営トップに引き上げられてその地位を得たような取締役が、トップの不作為に対して異を唱えることは期待できません。

「余計なことを言って不興を買いたくない」とただただ口をつぐむばかりでしょう。

その結果、必要なM＆Aや新規投資がなされないまま成長の機会がいたずらに失われる、あるいは撤退すべき事業から撤退しないままひたすら損失が拡大し続けることになるのです。

法改正を重ねてきたが取締役会を巡る状況は変わらなかった

代表取締役の暴走を止められない、経営者の不作為を是正できずにいる……。

日本企業がこうした望ましくない状況に陥っているのは、ここまでみてきたように取締役会が本来果たすべき役割を果たしていないため、具体的には監視監督の機能を十分に発揮していないからです。

そもそも取締役会の監視監督機能の脆弱さ、経営者に対するモニタリングの不徹底は、日本企業の抱える大きな問題として長年指摘され続けてきたことです。そしてその問題を解決するために、これまで法改正と新制度の創設が繰り返し行われてきました。

主なものをあげると、1993年の商法改正によって社外監査役制度が、2002年の商法改正によって委員会等設置会社が新たに導入されました。これらの制度はいずれも経営者に対するモニタリングを強化することを目的としたものです。

しかし、こうした一連の制度改革によっても取締役会を巡る状況はほとんど改善されませんでした。

そこで、2014年の会社法改正では監査等委員会設置会社制度が設置され、同時に社外取締役制度の強化が図られることになりました。

さらに2019年の会社法改正では、上場企業において社外取締役の設置が義務化されることになったのです。

なお、こうした制度改革を重ねてきた結果として、現在、株式会社が選べる機関構成の選択肢は次ページに挙げた図表のように20を超えています。

［図表6］株式会社が選べる機関構成の選択肢

公開会社である大会社（A） （上場企業もここに入る） 3通りの機関設計のパターンがあり得ます	取締役会＋監査役会＋会計監査人 取締役会＋監査等委員会＋会計監査人 取締役会＋三委員会（注1）＋会計監査人 以上の機関構成を（A）パターンとします。
公開会社（B） （大会社を除く） 6通りの機関設計のパターンがあり得ます	取締役会＋監査役 取締役会＋監査役会 取締役会＋監査役＋会計監査人 以上の機関構成を（B）パターンとします。 そのほか、（A）パターン3つもすべて可能です。
非公開会社である大会社（C） 5通りの機関設計のパターンがあり得ます	取締役＋監査役＋会計監査人 取締役会＋監査役＋会計監査人 そのほか、 （A）パターン3つもすべて可能です。
非公開会社（D） （大会社を除く） 11通りの機関設計のパターンがあり得ます	取締役 取締役＋監査役（注2） 取締役＋監査役＋会計監査人 取締役会＋会計参与（注3） そのほか、（B）パターン3つもすべて可能です。しかも、監査役会設置会社及び会計監査人設置会社でなければ（すなわち「取締役会＋監査役」というパターンであれば）、（注2）の限定を付すことも可能です。以上、（B）パターン3つと併せて4通りが加わります。 加えて、（A）パターン3つもすべて可能です。（もっとも、小規模な会社で会計監査人を設置する選択は通常行わないでしょう）。

非公開会社＝全株式譲渡制限付会社以外の会社
（注1）指名委員会、監査委員会、報酬委員会の3つの委員会をいいます。
（注2）定款により、監査役の監査の範囲を会計に関する事項に限定することも可能です。
（注3）会計参与は、これ以外のすべての機関構成の会社において設置可能です。唯一の例外として、取締役会を設置しながら監査役を設置しない株式会社については、会計参与の設置が義務付けられています。

ウィズコロナ時代には取締役会の監督機能がますます重要になる

取締役会の役割、とりわけその監視監督機能が果たす役割はウィズコロナ、アフターコロナの時代にますます重要になるはずです。

前章で触れた経済産業省の予測が示しているように、コロナ危機の中で日本経済と企業を取り巻く環境はこれからさらに厳しさを増していくでしょう。

そうした状況に対して臨機応変に対応できるガバナンスの体制を構築していくことが企業には求められているのです。

また、現在、感染対策としてリモートワークが広がる中で、想定外のエラーや不祥事が発生する恐れがあります。

例えば社員が在宅で勤務する時間が増えれば、インサイダー取引や社外への情報漏えいのリスクが高まるかもしれません。

そうした不測の事態も想定して自社のモニタリング体制を見直すためにも、取締役会の監視監督機能の強化に努めることが今まさに求められているのです。

［第3章］

日本企業の取締役会にメスを改革を成功させる7つのポイント

取締役会の改革を断行し、その監視監督機能を強化することができれば、企業不祥事や経営者の暴走、さらにはトップの不作為を可能な限り少なくすることができるはずです。とりわけ、不作為が解消され、本来、行われるべき投資やM&Aが行われるようになれば、新たなイノベーションと市場を創出するチャンスを得ることが期待できるでしょう。その結果、それまで業績が停滞・下降していたような企業は再び発展の道を歩み始めるはずです。

このように取締役会改革の実現を通じて、企業は持続的な成長のための組織基盤を確保することが可能となるのです。

本章では、経営陣が実際に取締役会改革に取り組み、そして成功させるためにおさえておくべき重要ポイントについて解説していきましょう。

ポイントI　モニタリング・モデルを志向し執行と監督の分離を推進する

取締役会改革の最も重要なポイントは、マネジメント・モデルからモニタリング・モデルへの転換を図ることです。

マネジメント・モデルは、取締役会における意思決定の機能を重視するスタイルです。このモデルのもとでは経営の執行と監督が未分離な状態になることが避けられません。

一方、モニタリング・モデルとは取締役会の監視監督機能を重視するタイプです。このモデルでは、執行と監督の分離を志向することになります。

具体的には業務の執行は代表取締役や業務執行取締役などに委ねられ、取締役会は社外取締役を中心にモニタリング役に徹することになります。

取締役会におけるモニタリング・モデルの導入はアメリカで進められ、それが国際的に広がっていったといわれています。

この点に関して、会社法等を専門とする田中亘東京大学社会科学研究所教授は、ガバナンス改革をテーマとした論文の中で次のように述べています。

「モニタリング・モデルに基づく企業統治は、1970年頃の企業不祥事を契機として、米国で提唱され（中略）その後、今日までに世界的に広まった。米国の上場会社では、取締役の大半が独立取締役で占められていることはよく知られていよう。（中略）今日では、欧米先進諸国においては、少なくとも大規模な上場会社では、取締役の過半数が独立取締役で占められることが通常であるし、また、一部の新興国（インドや南アフリカ）においても、独立取締役が過半数を占める上場会社が多くなっている」（田中亘著「企業統治改革の現状と展望――モニタリング・モデルを志向する取締役会改革を中心に」（宮島英昭編著『企業統治と成長戦略』東洋経済新報社より）

こうしたアメリカ等における取り組みの影響を受ける形で、日本でもモニタリング・モデルを志向する流れが近時強まっているのです。

CGコードとCGSガイドラインが改革の指針となる

そして、その流れを後押しする役割を果たしているのが、会社法等の法令といわゆるソフトロー（法令としての拘束力を有しない一定の規範）です。特に重要なものとしては、コーポレートガバナンス・コード（CGコード）とコーポレート・ガバナンス・システムに関する実務指針（CGSガイドライン）が挙げられます。

「コーポレートガバナンス・コード」とは、会社において持続的な成長と中長期的な企業価値の向上のために、実効的なコーポレート・ガバナンスの実現に資する主要な原則を東京証券取引所と金融庁が中心になって取りまとめたものであり、以下の5つの章から構成されています。

第1章 株主の権利・平等性の確保
第2章 株主以外のステークホルダーとの適切な協働
第3章 適切な情報開示と透明性の確保
第4章 取締役会等の責務
第5章 株主との対話

このうちの「第4章 取締役会等の責務」で、経営の監督と執行、社外取締役の有効な活用などについて触れられています。

CGコードでは、コンプライ・オア・エクスプレイン（原則を実施するか、実施しない場合には、その理由を説明するか）の手法が採用されており、各原則のうち、自社の事情に照らして実施することが適切でないと考える原則がある場合には、それを「実施しない理由」を十分に説明することにより、一部の原則を実施しないことも許容されます。

一方、ＣＧＳガイドラインとは、経済産業省がコーポレート・ガバナンスの実務に関する指針として策定したものであり、取締役会のあり方、社外取締役の活用のあり方、経営陣の指名・報酬のあり方、経営陣のリーダーシップ強化のあり方等について定めたものです。

ＣＧＳガイドラインは、各社に適したコーポレート・ガバナンス・システムのあり方を主体的に検討する際に議論の参考とすることが望まれるものとされており、会社に対して何らかの拘束力を有するものではありません。

グループガイドラインとＳＳコードにも配慮する

なお、企業がガバナンス改革の取り組みを行っていくうえでは、ＣＧコードとＣＧＳガイドラインのほかに、「グループ・ガバナンス・システムに関する実務指針」（グループガイドライン）と「スチュワードシップ・コード」（ＳＳコード）にも十分配慮することが必要です。

グループガイドラインは、経済産業省が設置したコーポレート・ガバナンス・システム研究会によって実務指針として取りまとめられたものです。持続的成長のために事業再編やグローバル化を進める日本企業において、グループ・ガバナンスの在り方が問われていることを受けて策定されました。

ＳＳコードとは、機関投資家が「スチュワードシップ責任」を果たすための行動原則であり、東京証券取引所と金融庁によって取りまとめられました。

ここでいう「スチュワードシップ責任」とは、「機関投資家が、投資先の日本企業やその事業環境等に関する深い理解に基づく建設的な『目的をもった対話』（エンゲージメント）などを通じて、当該企業の企業価値の向上や持続的成長を促すことにより、顧客・受益者の中長期的な投資リターンの拡大を図る責任」を意味します（ＳＳコードは、ＣＧコードと同様に、コンプライ・オア・エクスプレインの手法を採用しています）。

ポイントⅡ　経営会議への権限委譲を拡大する

モニタリング・モデルのもとでは、経営会議への権限委譲を拡大することが求められることになります。

従来、日本では事業に関する非常に細かなこと、瑣末《さまつ》とさえいえるような事柄まで決議事項として取締役会に上程されてきました。

しかし、それらを全て取締役会で正面から議論していては時間がいくらあっても足りませんし、また、そもそもあまりにも細かな事柄に関しては取締役全員が等しくそれに関する専門的な知識を持ち合わせているとは限らないので、あやふやな判断しかできなくなります。そして何よりも、こうした会社経営にとって必ずしも重要とはいえない問題に意思決定の時間を取られることで、取締役会が監視監督の機能を十分に果たせなくなる恐れもあります。

そこで、これからの取締役会では、意思決定に関しては、真に重要な経営判断を行うことに専念することが求められます。具体的には経営理念や会社の大きな方向性を決めたり、巨額の投資案件などに関する議論をすることに集中し、それ以外の事項は経営会議で決定させることが適切です。

どこまで決定権限を移すのかはケースバイケースで考える

その際、決定権限をどこまで経営会議に移すのかは、会社の業務、事業の性質あるいは規模によっても変わってきます。

例えば、会社のシステムを一から新しくするための費用として5000万円を要するような場合、年商がゆうに1兆円を超えるような企業であれば、投資の可否等について経営会議で決めさせるべきでしょう。

一方、年間の売上が数億円、数十億円規模の会社であれば、5000万円のコストは少額とはいえないので取締役会で議論することが望ましいかもしれません。

なお、取締役会と異なり、経営会議に社外取締役が出席する義務はありません。

しかし、個人的にはもし可能であればできるだけ参加した方がよいと考えています。その会社の経営状況等に対する理解がより深まるなど、社外取締役としての責務を果たすうえで有益な情報を多く得られるからです。

ただ、経営会議に社外取締役が参加するのを嫌がる企業も中にはあるようです。もし出席を望んでも拒まれるようなことがあれば、当然、社外取締役の立場からは「何かおかしい。聞かれるとまずいことでも話し合っているのではないか」などと不審の念を抱くことになるでしょう。

ポイントⅢ　横の監視監督と縦の監視監督を意識する

モニタリングの態様としては、大きく「横の監視監督」と「縦の監視監督」の2つがあります。

まず、「横の監視監督」は役員同士の監督、特に社外取締役による執行側取締役への監督になります。

本来、取締役会のメンバーである個々の取締役は、取締役会に上程された事項について監視監督するにとどまらず、代表取締役の職務執行一般につき、これを監視し、必要があれば、取締役会を自ら招集し、あるいは招集することを求め、取締役会を通じて職務執行が適正に行われるようにする職務を有します。

このように、取締役同士が互いにチェックし合うことが、横の監視監督では期待されてきました。

しかし、前述のように先輩・後輩関係にある取締役同士の監視では結局はなあなあの状態となることが、つまりはモニタリングの役割を果たせなくなることが避けられません。

そこで、昨今の取締役会改革の流れの中で、特に2015年のコーポレートガバナンス・コード作成以降は、横の監視監督に関しては（とりわけ代表取締役に対するモニタリングについては）、社外取締役を中心に行わせるスタンスが強まっているのです。

そして、この社外取締役による監視監督は、「人事」と「お金」のチェックが中心となることが期待されています。

具体的には、指名・報酬委員会を通じて、不正に手を染めたり、あるいは経営能力が足りないトップを解任したり、報酬を監視する役割が社外取締役に委ねられます。

縦の監視監督は内部統制システムを構築すること

一方、「縦の監視監督」は内部統制システムによる社員の不正の監視です。

内部統制システムは、会社法で「取締役の職務の執行が法令および定款に適合することを確保するための体制、その他株式会社の業務の適正を確保するために必要なものとして法務省令で定める体制」と定義されています。

この内部統制システムを構築することは取締役会の責務とされており、モニタリング・モデルでは特にその相当性を社外取締役がチェックすることが想定されています。

また、内部統制システムは一度構築すればそれで終わりというわけではなく、適切に機能しているかを随時見直すことも必要であり、システムに問題が見つかればその是正を適宜行っていかなければなりません。

内部統制システムの具体的な中身や運用等に関しては法令等で一律的に答えが用意されているわけではなく、会社ごとに自社にとって最も適切な体制を確立することが求められています。

実際に内部統制システムを構築する場合、大まかな流れとしては以下のようなステップを踏むことになるでしょう。

①「どのような会社にしたいか」という大きな経営ビジョンを策定する。

↓

②経営ビジョンを具体化した経営方針・計画を策定する。

↓

③経営方針・計画に示された自社の規模、営業地域、取引先、注力する事業分野等を踏まえ、リスクマップ（想定されるリスクの種類や程度などを可視化するツール）を活用して事業リスクを特定して洗い出す。

↓

④事業リスクを踏まえた内部統制システムの個別策定を行う。

ここでリスクを過度に強調すると適正な収益の観点がおろそかになるため、リスクを過度に排斥するのではなく、適切なリスクテイクを許容したうえで、そのリスクを適切にコントロールするという視点が求められることになります。

また、内部統制システムの構築を単なる事務上の作業ではなく、経営方針そのものが問われる重要なものとして位置付け、全社的な取り組みとして積極的・主導的に進めることが必要です。

ポイントⅣ　3つのディフェンスラインを構築する

内部統制に関しては、3つのディフェンスライン、すなわち3線ディフェンスラインを構築することも求められます。

3線ディフェンスラインとは組織の部門を①事業部門、②管理部門、③内部監査部門に分類し、それぞれに対して、リスク管理における3つの役割（ディフェンスライン）を担わせることによって内部統制を実行していくというものです。

前述した経済産業省の「グループガイドライン」では、①から③の具体的な役割が次のように説明されています。

①事業部門

日々の業務の中で、子会社の法令遵守やリスク管理等を行う。

②管理部門

財務、法務等の専門知識とプロフェッショナル意識をもち、事業部門から独立して事業部門による管理（第1線）を支援するとともに、チェック・牽制機能を発揮する。

③内部監査部門

事業部門や本社部門による管理が適切に行われているかを独立した立場から確認し、必要に応じ、問題の原因の分析、経営陣や各部門への改善の提案を行うとともに、内部統制システムが有効に機能しているかを取締役会、監査役、監査（等）委員会に報告する。

1線・2線の体制が確立されてくると、3線である内部監査部門の負担が軽減されることになります。そうした見地からそれぞれの会社に最適な現場体制を構築することが求められるでしょう。

三様監査の構築も忘れない

内部統制の効果をあげるうえでは、以上のような3線ディフェンスラインを構築するとともに、「三様監査」を適正に実践することも必要です。

三様監査とは①監査役等による監査、②会計監査人（公認会計士等）による監査、③内部監査部門による監査の3つを総称したものです。

それぞれの具体的な中身は次の通りです。

①監査役等による監査

業務監査・会計監査

②会計監査人（公認会計士等）による監査

会計監査人が独立の第三者として会社の財務情報等の適正性を確認・保証する監査。会社法に基づく監査（会社法監査）と金融商品取引法に基づく監査（金融商品取引法監査）がある。

③内部監査部門による監査

執行ラインに位置付けられるもの

それぞれの監査の特徴・性質（限界含む）を把握しつつ、各監査が連携することによって、監査がより充実し、不正を発見しやすくなる効果が期待できるでしょう。

3線ディフェンスラインと三様監査の観点から不正を分析する

3線ディフェンスラインと三様監査はともに不正予防の場面だけでなく、不正調査の場面においても重要な役割を果たすことになります。

まず、3線ディフェンスラインの視点からは、「再発防止策を検討する際に、3線それぞれのラインが何をできるか」といった観点から分析が行われます。

また、三様監査の視点からは、不正が発生し、その調査を行う際、原因分析において、「なぜそれによって不正を発見できなかったのか」といった検討を行います。

なお、不正に関しては、その発生原因を「動機（プレッシャー）」「機会」「正当化」に

[図表7] 3線ディフェンスライン：事業会社に置き換え

Line	部門	機能
1線	業績責任を負う事業部門（売上・利益に責任を負う営業部門、生産高・製造コスト・納期に責任を負う生産部門など）	「リスクオーナー」として、自部署の業務に内在するリスクを自律的に統制する
2線	リスク管理部門（財務、人事、法務コンプライアンス、品質管理、情報セキュリティなど）	業務リスク管理の「全社的な統括者」として、すべてのリスクカテゴリーに対する1線の統制の有効性を検証し、牽制・支援する
3線	内部監査部門	業務リスク管理態勢（1線＋2線）の外に独立して存在し、業務リスク管理体制の有効性を検証し、改善を促して見届け、その状況を経営者（および監査役等）に報告する

POINT 1
・リスク管理の主役は1線、2線は脇役
・主役が自律的にできるよう脇役は「支援」

POINT 2
・統制ツールの「ユーザビリティ」（使い勝手）を高めることが、今後の2線の大きな課題となる

[図表8] 不正のトライアングル

▶不正の動機　：収益・効率重視のプレッシャー、検査不合格に伴う損失
▶不正の機会　：品質保証部門の専門性・技術性（顧客による発見は困難）
▶不正の正当化：「安全性に支障なし」・「法令違反なし」

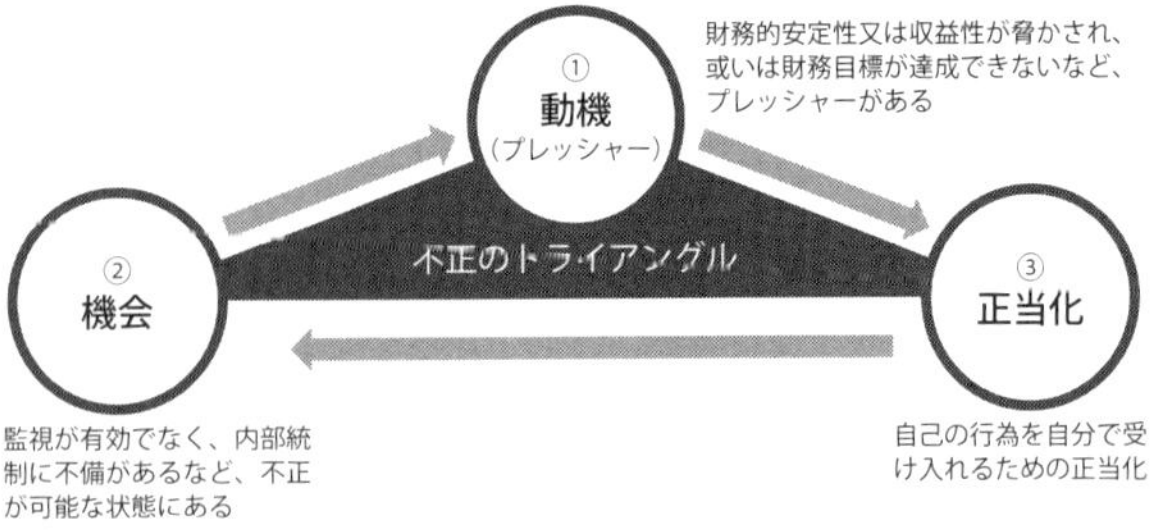

（「不正のトライアングル」がそろうと横領リスクは危険水準に達する（金融財政事情2007.8.27）より要約・一部加筆）
（「企業のグループガバナンスと子会社発の不祥事対策」月刊監査役 2018.02No.678 より）

分けて分析する〝不正のトライアングル〟の考え方が一般化しつつあり、不正調査においても、原因分析や再発防止策の検討をする際に、そうした観点から分析を行うことがあります。

ポイントV　取締役会では自社のリスクを徹底的に議論すべし

改革を進めていく中では、自社の事業リスクについても十分に意識しておくことが重要となります。

その際、想定されるリスクを最大限に幅広くとらえる視点が必要となるでしょう。たとえば弁護士などがリスクを検討する場合、どうしても「善管注意義務違反あるいは忠実義務違反の恐れがある」などというようにリーガルリスク（法的なリスク）ばかりを検討しがちです。

しかし、それだけではなく、投資家（株主）や市場、消費者、従業員などのステークホルダーの視点からも、「どのようなリスクが考えられるか」を分析することが重要となるでしょう。

例えば、前述したように、目下、国連ＳＤＧｓやＥＳＧが国内外で非常に大きなテーマとなっています。それに対してどのような対応を取るのかについて、企業として十分な答えを用意していなければ、投資家が離れたり、消費者や顧客が自社の商品・サービスの購入に消極的な態度を示す恐れもあるでしょう。

事業を取り巻く環境の変化は激しく、また多様化の度合いを深めています。各企業が抱えるリスクに関しても、従来とは全く異なる想定外のタイプが増加しています。

これまでの固定観念にとらわれず、今の時代状況を踏まえ、リスクマップを作成するなどして新たな視点からリスクをとらえ直すことが求められているのです。

リスクの具体例は？

リスクとして具体的にどのようなものが考えられるのかは、企業それぞれによって異なるでしょう。例えば、グローバル企業なのか、国内企業なのかによっても大きく変わってきます。

そうした違いがあることを前提にして、これから特に意識しておきたい主なリスクを参考までに挙げておきましょう。

①M&Aに関するリスク

従来は、買収先の企業価値を算定する際に、財務情報ベースのみで算定することが一般的でしたが、昨今は、非財務情報も踏まえた算定も求められています。それを怠っていると、市場からネガティブな評価を突き付けられる恐れがあります。

海外の事例ですが、2018年にドイツ製薬大手のバイエルが、アメリカのバイオ化学メーカーであるモンサントを買収しました。モンサントはグローバルな農薬・遺伝子組み換え企業として事業成長していましたが、環境破壊に関してグローバルNGOから相当批判を受けている会社でした。その結果、モンサント買収後、バイエルの株価が下がると同時に訴訟リスクも抱えることになりました。

②海外事業に関するリスク

特に海外子会社の管理に関しては、機関投資家は常に疑義をもっています。例えば、企業によっては、海外企業の内容を十分精査することなく高額で買収したり、買収後も本社の関与が十分でないために、子会社で不祥事が発生したり、グループ決算にマイナスの影響がもたらされるケースが少なくありません。

③法改正に関するリスク

とりわけ人権関連の新たな法的規制に対する注意が必要です。２０１５年にイギリスで施行された現代奴隷法では、サプライチェーンの人権問題の調査・報告が求められています。対応のために、海外企業の人権報告書等を参考にするのも有益でしょう。

④クラスアクションのリスク

クラスアクションはアメリカに特有の訴訟制度で、集団全体に共通する利益を代表して一人または数人の原告が提起する訴訟です。グローバル企業の起こした不祥事への対応として、クラスアクションの例は増えています。

⑤ITに関わるリスク

最先端のIT技術をフォローせずにいれば、企業全体の生産性や効率性の向上を十分に実現できず競争力の低下を招くことになるでしょう（ポイントⅥで触れるサイバー空間の広がりに対しても注意を払うことが求められます）。

ポイントⅥ　リアル社会、サイバー、私的の3空間を意識した経営を実践する

これからはウィズコロナ、アフターコロナの時代が突きつける課題に、企業としてどう対応していくのかも重要になります。取締役会改革を進めるなかでは、そのことも念頭に入れた議論が必要になるはずです。

まず第一にコロナ禍によって日本人の思考や生活様式は大きく変わりつつあります。「もう満員電車には乗りたくない」「リモートワークで働きたい」という声が多く出ているように、働く人たちの意識もコロナ以前とは大きく変わってしまいました。そうした新たな変化に即した経営戦略を策定し、実行していかなければなりません。

具体的には、リアル社会空間、サイバー空間、私的空間の3空間を意識した経営を実践

することが求められるでしょう。

リアル社会空間は、企業にとっては仕事の世界、オフィス空間を意味します。サイバー空間は、コンピュータやインターネット等によって構築されたバーチャルな領域です。また、私的空間は従業員の個人的な、プライベートな空間です。

次ページの図表はこの3つの空間の関係と状況を示したものです。

従来、ほとんどの企業は、オフィス内で業務を遂行してきました。そのため、サイバー空間は狭く、リアルな社会空間と交わる範囲は限られていたといえるでしょう。また、社会空間と私的空間が交わることも少なかったはずです。

しかし、こうした従前の状況は今、大きく変わりつつあります。

5Gの発展等によりサイバー空間は拡大し、リアル社会空間と交わる範囲も広がろうとしています。

そして、その中で「Society 5.0」と呼ばれる、今までになかった新たな世界像が示されています。

このSociety 5.0について内閣府は次のように解説しています。

［図表９］ ３空間を意識した経営

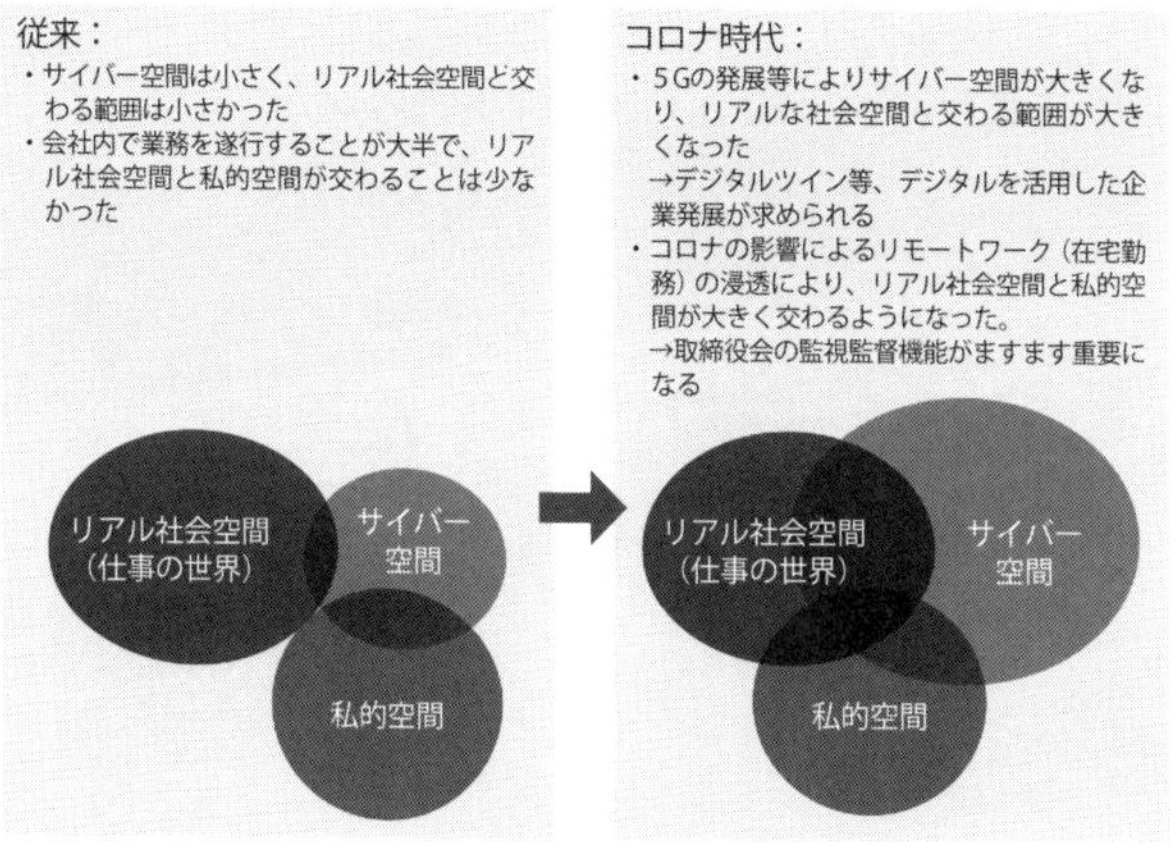
従来：
・サイバー空間は小さく、リアル社会空間と交わる範囲は小さかった
・会社内で業務を遂行することが大半で、リアル社会空間と私的空間が交わることは少なかった
リアル社会空間（仕事の世界）
サイバー空間
私的空間
コロナ時代：
・5Gの発展等によりサイバー空間が大きくなり、リアルな社会空間と交わる範囲が大きくなった
→デジタルツイン等、デジタルを活用した企業発展が求められる
・コロナの影響によるリモートワーク（在宅勤務）の浸透により、リアル社会空間と私的空間が大きく交わるようになった。
→取締役会の監視監督機能がますます重要になる
リアル社会空間（仕事の世界）
サイバー空間
私的空間

「(Society 5.0とは) サイバー空間（仮想空間）とフィジカル空間（現実空間）を高度に融合させたシステムにより、経済発展と社会的課題の解決を両立する、人間中心の社会（Society）です。

狩猟社会（Society 1.0）、農耕社会（Society 2.0）、工業社会（Society 3.0）、情報社会（Society 4.0）に続く、新たな社会を指すもので、第5期科学技術基本計画において我が国が目指すべき未来社会の姿として初めて提唱されました」（内閣府のサイトより）。

ここで述べられている仮想空間と現実空間を融合させる技術の一つとして、デジタルツインが注目されています。

デジタルツインとは、デジタルデータを基に物理的な製品等の状態や挙動をサイバー空間上に再現するソリューションです。

こうした最先端のデジタル技術をフル活用することによって企業が発展するチャンスも広がるはずです（その詳細については、最終章で改めて取り上げましょう）。

セキュリティはゼロトラストで構築する

また、リモートワークの浸透により、リアル社会空間と私的空間が大きく交わるようになりました。具体的には社員の住まいが、いわばオフィスの一部となる状況が生まれているのです。

そのため、セキュリティ面に対する新たな配慮が必要になるはずです。具体的には、ゼロトラストの仕組みを構築することが求められることになるでしょう。

「政府ＣＩＯポータル」に公表された「政府情報システムにおけるゼロトラスト適用に向

けた考え方」ではゼロトラストを以下のように定義しています。

「『内部であっても信頼しない、外部も内部も区別なく疑ってかかる』という『性悪説』に基づいた考え方。利用者を疑い、デバイス（機器）を疑い、許されたアクセス権でも、なりすまし等の可能性が高い場合は動的にアクセス権を停止する。防御対象の中心はデータ、デバイス等のリソース」。

「信頼できないもの」が内部に入り込まない、また内部には「信頼できるもの」のみが存在することを前提としていた従来のセキュリティの考えでは限界があるとして、ゼロトラストのコンセプトは組み立てられています。

今後のネットワーク・セキュリティでは、このゼロトラストが標準仕様となるはずです。社員が家庭で使うパソコン等を通じて自社サーバーに不正なアクセスが行われるような事態を防ぐためにも、セキュリティに対する意識を取締役会レベルで高めていくことが不可欠となるでしょう。

「リモートワークの有効性と限界」についても考える

また、リモートワークに関してはその有効性（メリット）と限界（デメリット）についても考えておくことが必要です。

まず、リモートワークの有効性（メリット）としては、「通勤時間が減り時間の有効活用が可能」「家庭と仕事の両立がしやすい」などといったことが挙げられるでしょう。

一方、限界としては「直《じか》に会わない分、発言のタイミングがつかめない」「雑談等ができない」ことなどが指摘できます。

さらにいえば、「対面でこそ感じる熱量が感じづらい」「視覚・聴覚以外の五感がテレワークでは不足する」などといったことも挙げられます。

こうした限界のために、リモートワークでは社員の一体感を保ちづらいところもあるでしょう。

リモートワークの効率化を図るうえでは、そうした課題をどのように解消していくのかを検討することも求められます。

女性の積極的な活用にも取り組むべき

なお、デジタル空間が広がり、リモートワークの活用が進めば、女性の活躍促進にもつながるはずです。

諸外国と比較して、日本では女性の社会進出が大きく遅れていることがここ数十年来問題視され、１９８６年の男女雇用機会均等法施行をはじめ、その改善に向けた取り組みがさまざまな形で行われてきました。

しかし、厚生労働省の「平成30年度雇用均等基本調査」によれば、課長相当職以上の管理職に占める女性の割合は11・８％にとどまっています。このような数字からは、いわゆる「ガラスの天井」に頭をおさえられ、悩み苦しんでいる女性がまだまだ数多くいることがうかがえます。その背景には、育児や介護など家庭の事情で十分に働けずにいる女性たちが少なくないこともあるでしょう。

リモートワークは、そうした〝働きづらさ〟を緩和し、女性の働き方の可能性を大きく広げることにつながります。

日本の生産性向上の観点からも、女性の能力を最大限に活かすことが、今何よりも求められています。そうした意味では、女性活用は取締役会改革と並んで日本企業が全力をもって取り組むべき重要なテーマといえるかもしれません。

残念ながら、現状では、逆にコロナ禍の中で非正規雇用の女性が雇い止めにあっているなどの状況があります。企業経営者には一層の工夫と努力を望みたいところです。

ポイントⅦ　SDGs、ESG、ステークホルダー資本主義の背景をおさえる

SDGsの背景にはヨーロッパが主導してきた2つの大きな動きがあるといわれています。

一つは2006年に国連によって提唱された責任投資原則（PRI：Principles for Responsible Investment）、もう一つは2015年に採択されたパリ協定です。

PRIは株式投資に倫理規範を求めるガイドラインであり、パリ協定は一定の強制力をもった脱炭素条約です。また、後者は国家のみならず、企業にもその遵守を求めています。

いまや、国家を超えて強い影響力をもつグローバル企業が世界には数多く存在しているた

めです。

企業は、こうしたヨーロッパ的な価値観に基づいたルールによってその活動を制約される可能性があるわけです（アメリカはパリ協定からの離脱を国連に通達しましたが、サステナブルな社会を目指す世界的な潮流が強まっていることを考えれば、やはりその流れにのることが賢明といえます）。

ここ20年間を振り返ると、2000年代からはグーグル（アルファベット）、アマゾン、フェイスブック、アップル、マイクロソフトといったGAFAMに象徴されるアメリカIT企業の台頭が、そして2010年代後半頃からは「BATH（バース）」と総称される中国系IT企業の躍進が続いており、その勢いはとどまる気配を見せません。

世界市場を席捲しているGAFAMは市場を寡占化し、全世界的なプラットフォームを構築するという戦略を打ち立てています。

中国のBATHも発想は同じでしょう。巨大な人口を背景とした安価な労働力によって利益率の向上を図り、なおかつ国家主導のもとで一帯一路政策を推し進めるなどして、世界市場の独占を図っています。

一方では、ＧＡＦＡＭやＢＡＴＨの動きを今のまま座視していたらどうなるのかという危機感や懸念も世界で広がっています。

そのような背景のもとで、ヨーロッパを中心として「法と倫理によって市場あるいは人間の欲望を一定程度コントロールする」という価値観が生まれています。

そしてその価値観が具体的な理念となって現れたのがＳＤＧｓであり、さらにはＥＳＧです。

ＥＳＧの観念もＰＲＩを源としています。

すなわち、倫理的・道徳的な観点から経営を監視することを目的として生み出された投資指標がＥＳＧなのです。

こうしたＥＳＧの視点からは、人権保護や環境保護、地球環境等の持続可能につながる場合においてのみ企業価値が認められることになります。

例えば従業員の人権を侵害したり、産業廃水を垂れ流すなどの環境破壊を行っているような企業はＰＲＩあるいはＥＳＧの観点からは持続可能性に欠ける企業とみなされて、投資リストからは排除されることになるわけです。

さらにもう一つヨーロッパが主導する動きとしては2018年に施行された「一般データ保護規則（GDPR：General Data Protection Regulation）」も重要です。同規則はEU内外の個人情報の流通を規制することを目的としたものであり、データ保護を図る枠組みづくりの一環として定められました。

SDGs、PRI、ESG、GDPR、これらのうえに2019年のダボス会議やステークホルダー資本主義の流れもあるといえるでしょう。

SDGsやESGは、地球規模の新たな価値観やルール

このように、アメリカと中国が対峙する状況の中でヨーロッパが、新たに、SDGs、PRI、ESG、GDPRという4つの考え方をコアに、新たな3極を形成しつつあります。

この三つ巴の争いが展開される中で、日本はこれからどのような道を進むべきなのでしょうか。

それは、やはりSDGsの理念にしたがって地球環境を守るのに適した新たなイノベー

ションを追求する取り組みではないでしょうか。

例えば、コンピュータは自動車や重電機械と比べれば炭素排出量が少ないというイメージがあります。

しかし、実は、超高性能なスーパーコンピュータ（スパコン）などは相当のエネルギー、電力を消費するといわれています。脱炭素の観点からは、現状のコンピュータにも問題があるといわざるを得ません。

そこで、消費電力を大幅におさえられる新しいコンピュータを日本企業が開発することができたら……。

このように、サステナブルな生態系に最適化された技術を磨き、地球環境にひいては人類に貢献していくことが日本企業の歩む道ではないかと思います。

そもそも人類が生存し続けるためには、多様な人々が「共存」することを可能にする仕組みが必要になります。

法やソフトローはその仕組みの一つといえ、近代社会を長く支え続けてきました。

そして、ＳＤＧｓやＥＳＧは、地球規模の新たな価値観やルールといえるでしょう。

今まさにそうした新たな価値観やルールによって、地球環境をどう守るのかが問われているのです。

積極的に法的な思考を経営戦略に取り入れることが求められている

ヨーロッパには循環経済・循環社会の考えがあります。人間社会を維持するうえでは消費活動が必要ではあることを認めつつ、大量消費を無条件に肯定するのではなく、資源の再生・再利用も重要視しているのです。

例えば、家具や調度品などを何世代も使い続けることは当たり前であり、むしろそのように長く使えるものに高い価値を見いだしているのです。

こうしたヨーロッパ的な循環経済・循環社会の発想は、のちほど触れるように日本人のDNAの中にも存在するものです。

ヨーロッパと同様、日本にも循環社会を実現できる下地があるのです。

さらにいえば、日本人には中国文化やスペイン、ポルトガル、オランダなどのヨーロッパ文化を吸収し、リミックスして新たな文化を創造してきた歴史があります。

そうした私たちの精神性や文化的伝統をもう一度、呼び起こす、つまりは日本人のコアとなる価値観を思い出して、そのうえに新たな価値観を築き、世界に貢献していくことが企業の経営者には求められているのです。

最後に、繰り返しておくと、ＳＤＧｓ、ＰＲＩ、ＥＳＧ、ＧＤＰＲという４つの理念の裏には、前述のように法と倫理があります。

経営者はそのことを十分に意識しておく必要があります。

これまでは法律や法律家をさほど重視していなかったとしても、これらの理念を尊重する経営を行っていくのならば、むしろ積極的に法的な思考、法律家の考え方を企業経営戦略に取り入れていくことが不可欠となります。

また、社外取締役や社外監査役にも法と倫理を重視する大局的な流れを踏まえたうえで、経営がその流れと十分にマッチしていないと感じるのであれば、その修正を積極的に促していく姿勢が求められるのです。

［第4章］

改革の要は「社外」にある社外取締役活用の基礎知識と注意点

大企業では社外取締役の導入が不可避

ここまでたびたび触れてきたように、モニタリング・モデルでは社外取締役が重要な役割を担うことになります。

したがって、取締役会改革の成否は社外取締役の実効性をどのように確保するか、すなわち社外取締役をどれだけ最大限に活用できるかにかかっているといえるでしょう。

そして、社外取締役を積極的に活用しようとする意識は日本企業の間にこれから急速に広がっていくはずです。

それは、2020年の会社法改正によって、上場企業に社外取締役を導入することが義務付けられたためです。

これまでは監査等委員会設置会社、指名委員会等設置会社の場合には、少なくとも2名の社外取締役を置くことが義務付けられていましたが、それ以外の会社では社外取締役を置くことは強制されていませんでした（なお、社外取締役を設置しない上場企業等には、社外取締役を置くことが相当でない理由を説明することが求められていました）。

今回の改正の結果として、いわゆる大企業では社外取締役の導入が不可避となったわけです（現在、上場されている企業に関してはすでにほとんどの会社で社外取締役が選任されています）。

そのことは、多くの企業に社外取締役の意義と役割を再確認させ、積極的な活用を促すことにつながるはずです。

社外取締役になるためには法定の要件を満たすことが必要

このように「社外取締役を活用していこう」という意識は多くの上場企業で広く一般化していくはずですが、問題は実際にそれをどのように行うかです。

そのことについて触れる前に、社外取締役に関する基本的な知識を確認しておきましょう。

まず最もベーシックなことから述べると、社外取締役は誰でもなれるわけではありません。社外取締役になるためには、法定の要件を満たすことが必要です。具体的には会社法で定められた以下の要件をクリアしなければなりません。

（現在要件）

①当該株式会社またはその子会社の業務執行取締役等ではないこと（注1）

②当該株式会社の親会社等（自然人であるものに限る）または親会社等の取締役もしくは執行役もしくは支配人その他の使用人でないこと（注2）

③当該株式会社の親会社等の子会社等（当該株式会社およびその子会社を除く。いわゆる兄弟会社）の業務執行取締役でないこと

④当該株式会社の取締役もしくは執行役もしくは支配人その他の重要な使用人または親会社等（自然人であるものに限る）の配偶者または2親等内の親族でないこと

（過去要件）

①その就任の前10年間当該株式会社またはその子会社の業務執行取締役等であったことがないこと

②その就任の前10年内のいずれかの時において、当該株式会社またはその子会社の取締

役、会計参与または監査役であったことがある者（業務執行取締役等であったことがあるものを除く）にあっては、当該取締役、会計参与または監査役への就任の前10年間当該株式会社またはその子会社の業務執行取締役であったことがないこと（注3）

（注1）「業務執行取締役等」とは、業務執行取締役もしくは執行役または支配人その他の使用人のこと。
（注2）親会社または株式会社の経営を支配している者（法人であるものを除く）として法務省令で定めるものをあわせて「親会社等」と定義されている。
（注3）「会計参与」は会計参与が法人であるときは、その職務を行うべき社員。

社外取締役と独立社外取締役は違うもの

このように、社外取締役の要件は会社法によって定められていますが、独立社外取締役に関してはまた異なる要件があることに注意が必要です。

すなわち、東京証券取引所（東証）は、一般株主保護を目的として一般株主と利益相反が生じる恐れのない社外取締役の選任を上場会社に求めています。この社外取締役を独立社外取締役といいます（本書で取り上げる社外取締役は基本的にこの独立社外取締役を意味しています）。

具体的には、独立社外取締役を少なくとも1名以上確保することを努力義務の形で、上場のルールである有価証券上場規程で定めています。

「一般株主と利益相反が生じる恐れがない者」であるか否かは上場会社において実質的に判断する必要があるとされており、例えば社外取締役として届け出ようとする者が、経営陣から著しいコントロールを受け得る者である場合や、経営陣に対して著しいコントロールを及ぼし得る者である場合には、一般株主と利益相反が生じる恐れがあり「一般株主と利益相反が生じる恐れがない者」には該当しない可能性が高いと考えられています。

また、東証は「上場管理等に関するガイドライン」において、一般株主と利益相反の生じる恐れがあると判断する場合の判断要素（独立性基準）を左ページの図のような形で示しています。

なお、独立社外取締役の設置義務に関してはコーポレートガバナンス・コード（CG

[図表 10] 独立性要件の概要

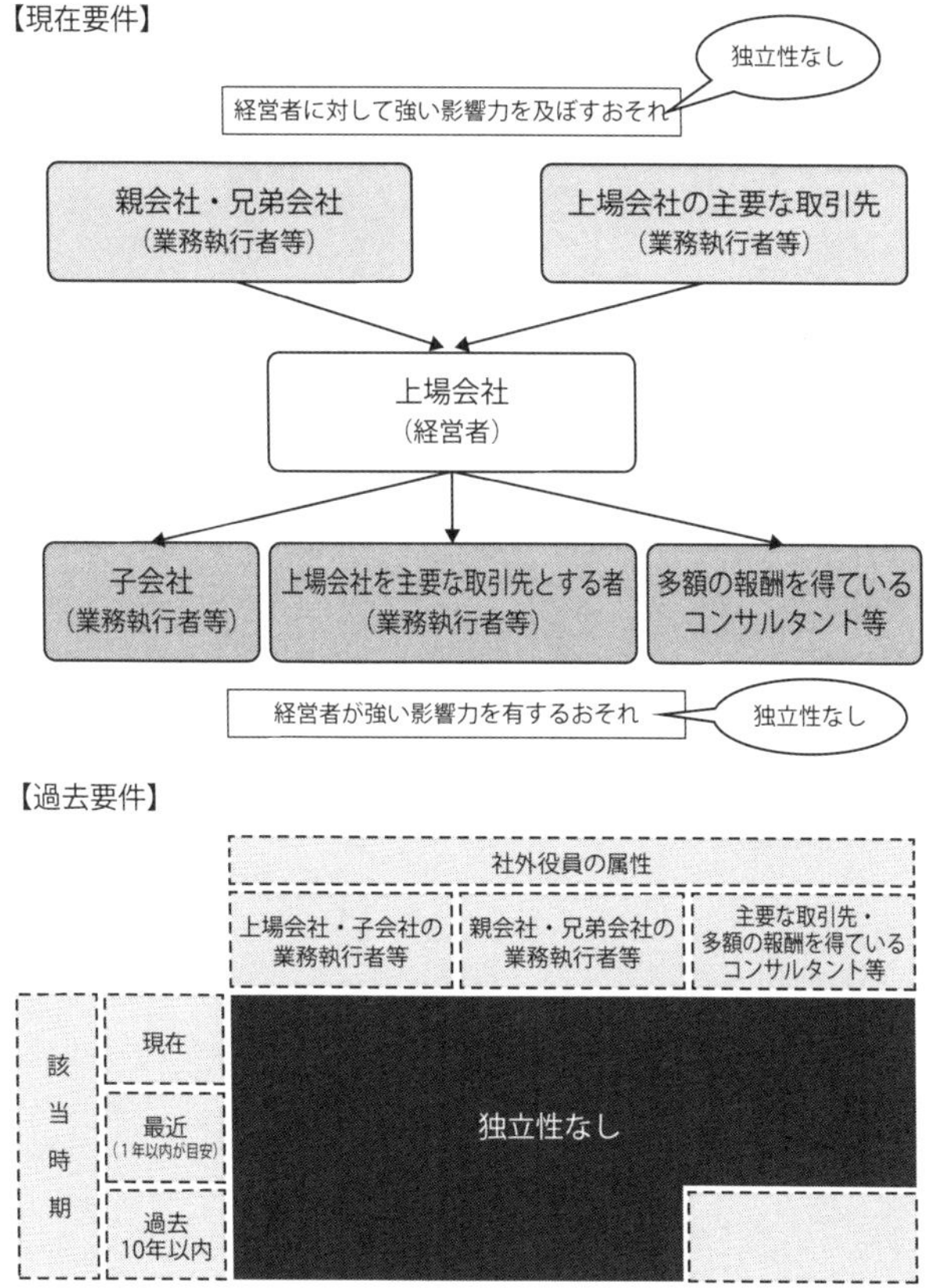

（東京証券取引所「東証の独立役員制度の概要等について」を基に作成）

コード）でも別に定めが置かれています。

ＣＧコードでは、上場会社に対して、独立社外取締役２名以上の選任が求められています。また、全取締役の３分の１以上を独立社外取締役とすることを推奨しています。

社外取締役は指名委員会等の委員になる

会社法やＣＧコードでは、取締役会だけではなく、①指名委員会、②監査委員会、③報酬委員会もしくはそれに類した諮問委員会にも社外取締役を関与させることが求められています。

まず、①から③の委員会の概要は次の通りです。

①指名委員会

取締役候補の人選を行う。

②監査委員会

会社の業務執行の監査を行う。

③報酬委員会

取締役・執行役の報酬を決定する。

これらの3つの委員会を置く株式会社は、指名委員会等設置会社とよばれており、いずれの委員会も取締役3名以上で組織し、その構成員の過半数を社外取締役とすることが会社法で義務付けられています。

また、CGコードでは、指名委員会等設置会社以外の会社でも、指名、報酬に関して社外取締役を主要なメンバーとする諮問委員会の設置を促しています。

具体的には、上場会社が監査役会設置会社または監査等委員会設置会社であって、独立社外取締役が取締役会の過半数に達していない場合には、経営陣幹部・取締役の指名・報酬などに関する取締役会の機能の独立性・客観性と説明責任を強化するため、例えば、取締役会の下に独立社外取締役を主要な構成員とする任意の諮問委員会を設置することなどにより、指名・報酬などの特に重要な事項に関する検討に当たり独立社外取締役の適切な関与・助言を得るべきとしています。

社外取締役は何者か、監査役とどう違うのか

社外取締役と同じように監視監督機能を担う機関としては監査役があります。両者はどちらも取締役会に出席し、取締役の職務の執行等をチェックするということでは共通した役割をもっています。

また、以下のような点も社外取締役と監査役は共通しています。

①両者ともに業務を執行する権限はもちません。

②監査役にも社外取締役と同様に社外監査役の制度があります。その要件も社外取締役とほぼ同様です（両者はあわせて社外役員と総称されています）。

会社法では監査役会設置会社においては監査役の半数以上を社外監査役にすることが義務付けられています。つまり、監査役で構成される監査役会のメンバーの半数以上は社外監査役を選任しなければなりません。

③独立社外取締役と同様に、独立社外監査役の制度も存在します（両者はあわせて独立

社外役員と総称されています）。

では、社外取締役と監査役は何が違うのでしょうか。

最も大きな違いは、社外取締役には議決権が認められていることです。つまり、取締役会において一票を投じることができるわけです。

それに対して、監査役には議決権が認められていません。取締役会に出席することはできても、一票を投じることはできないのです。

私自身、企業のモニタリングに社外取締役として関わる場合もあれば、社外監査役として関わる場合もあります。そして、後者の場合には、自分が会社の意思決定に関わっていないという思いを強く感じます。

ただ一方で、監査役には社外取締役にはないさまざまな調査権限が与えられています。

具体的には、以下のような権限を行使することが認められています。

①事業報告請求権、業務・財産状況調査権

②子会社に対する事業報告請求権、業務・財産状況調査権
③会計監査人に対する報告請求権

社外取締役にはこうした調査権限が認められていないため、経営のモニタリングを行ううえで必要となる情報をどのように収集するのかが大きな課題となります（この問題については次章で改めて取り上げます）。

社外取締役の人数は2人の企業が最も多い

社外取締役に関する基本的な知識について確認したところで、その現状についてもみておきましょう。

第2章で触れた日本能率協会総合研究所によって2018年12月に実施された東証1部・2部上場企業を対象とした調査では、社外取締役の人数、比率と属性に関してもアンケートが行われています。

まず、社外取締役の人数については、次のような結果が得られています。

1人　6・0%
2人　42・3%
3人　32・6%
4人　10・7%
5人　4・4%
6人　2・7%
7人　1・0%
8人　0・3%
9人　0%
10人以上　0%

また、取締役会における社外取締役の比率は次の通りです。

50%以上	7・4%
33・3%以上50%未満	34・4%
25%以上33・3%未満	29・8%
25%未満	28・4%

このように人数は「2人」が最も多く、以下「3人」「4人」が続いています。一方、社外取締役比率に関しては「33・3%以上50%未満」が最も多いものの、33・3%未満は過半数を超えています。

CGコードは前述のように社外取締役の人数については2名以上、比率については3分の1以上を求めています。人数については概ねクリアされていますが、比率については、未達の企業が多いことが分かります。

社外取締役の属性は経営経験者が最多

一方、社外取締役の属性については次のようにまとめられています。

経営経験者　78・2％
弁護士・裁判官OB・検察官OB　41・9％
会計士・税理士　32・9％
学者　21・8％
行政経験者　14・1％
金融機関　13・1％
コンサルタント　4・7％
その他　9・1％

ご覧のように、経営経験者が圧倒的に多く、次に「弁護士・裁判官OB・検察官OB」が多くの割合を占めています（ここまで触れてきたように私自身も弁護士として複数の上場会社の社外取締役を務めています）。

専門家の言葉には経験に裏付けられた何かがあるのは確かです。その何かをくみ取って経営判断をしてほしい、自社の経営に役立ててほしいと思います。

社外取締役を活用するうえでも、そうした意識をもってその言葉に耳を傾けることが経営者には求められるのかもしれません。

社内のしがらみが絡む問題の解決には社外取締役が必要

社外取締役に期待される役割は、社内の人間関係や過去のしがらみなどにとらわれることなく、外部からの視点で客観的に経営をチェックすることです。

社外取締役は社内取締役のようにほかの取締役と先輩・後輩の関係にあるわけではありません。そのため、取締役会において、誰に対しても忖度することなく、率直な意見を述べることができる立場にいます。

そうした外部の人間の立場から、何も恐れることなくものを申すことが、社外取締役の存在理由にほかなりません。

とりわけ、会社と経営者との間で利害の衝突が生じる利益相反の場面では、社外取締役の積極的な関与が求められることになります。

そして、利益相反の場面としては、具体的には①経営者の選解任、②報酬決定、③監査の場面が挙げられます。

以下では、①から③のそれぞれに関して、社外取締役が具体的にどのような活動を行うのかをみていきましょう。

社外取締役は経営者の選解任に関与する

まずは、①経営者の選解任の場面です。

長い間、日本企業では、現経営者が次の経営者を選ぶのが慣行となっていました。

しかし、前経営者によって選ばれた新たな経営者はその影響力を多かれ少なかれ受けざるを得ません。そのため、前経営者が手掛けてきた事業の撤収をやりにくくなるなどの弊害も生じます。

また、現経営者が、果たして後継者を正しく選べるのかも疑問です、経営者個人の裁量に委ねてしまうと、候補者の過去の成功・失敗によるイメージや個人の好みといった主観的なバイアスが影響する恐れがあります。そうしたイメージや個人的好みで選ばれた経営者がベストの選択といえるのかは分かりません。

このように経営者の選任が適切に行われない恐れがある状況を改善するために、指名委員会の制度が設けられました。社外取締役はその委員となって、経営者選びに関与する仕組みとなっています。

さらに一つの案としては、取締役会の議長を社外取締役に託し、経営者の選解任の役に付するという選択肢もあり得ます。

その際、選解任の具体的な理由等については透明性・客観性をルールとして定める必要があります。例えば、重大なコンプライアンス違反があれば、解任の事由に十分なるでしょう。

また、経営者の言動がコンプライアンス違反とまではいえないものの、不適切であったり、違法性の兆しとみなせる状況があるような場合には、その段階で当該経営者に対してメッセージや警告を発することも求められるかもしれません。

後継者計画の策定・運用は7つのステップで取り組む

経営者の選定に関しては、候補者の過去の成功体験よりも、未来に成果を出せそうなポテンシャルを秘めた人材をどう見いだし、そしてトップとなるのにふさわしい経験をいかに積ませていくかが重要となるはずです。

また、自社にとって最も理想的な経営者を選ぶという観点からは、やはり後継者計画を策定しておくことが望ましいといえます。

CGSガイドラインなどの趣旨を踏まえると後継者計画は以下のような形で定めることが適切かもしれません。

まず、後継者計画の策定・運用の具体的な取り組みのあり方は、各社が置かれている状況や企業文化、候補人材の状況などに応じて企業ごとに異なり得るものです。重要なのは、最適なタイミングで最適な後継者に経営トップを交代するという目的を実現するために、自社にとってどのような取り組みが求められるのかを議論し、そのために必要となる試行錯誤や工夫を厭わないことでしょう。

［図表11］後継者計画の策定・運用についての7つのステップ

ステップ	主な内容
1	後継者計画のロードマップの立案
2	「あるべき社長・CEO像」と評価基準の策定
3	後継者候補の選出
4	育成計画の策定・実施
5	後継者候補の評価、絞込み・入替え
6	最終候補者に対する評価と後継者の指名
7	指名後のサポート

（経済産業省「コーポレート・ガバナンス・システムに関する実務指針」より）

また、全くゼロから後継者計画に取り組もうとする場合、最初からフルスペックの形で後継者選びの仕組みを構築することは必ずしも容易ではありません。後継者指名プロセスの客観性・透明性を確保することを意識しつつ、まずはできるところから一歩ずつ取り組んでいくことが大切でしょう。

なお、後継者計画の策定・運用に取り組むに当たっては、上記の7つのステップに分けて検討することが有益とされています。

経営者の報酬をチェックするのも社外取締役の大事な役割

続いて、②報酬決定の場面における社外取締役の役割を確認しましょう。

実務上、取締役の具体的な報酬の決定は代表取締役等によって行われていることが少なくありません。しかし、それでは自分の報酬を不相当に高額なものとする〝お手盛り〟が行われる危険性があります。

そうしたリスクを防ぐために、社外取締役は報酬委員会のメンバーとして、報酬の中身等をチェックする役目を務めます。

また、指名委員会等設置会社では、報酬委員会の設置は必須となっていますが、監査等委員会設置会社、監査役会設置会社ではその設置が義務化されていません。

しかし、前述のようにCGコードでは、監査役会設置会社または監査等委員会設置会社であって、独立社外取締役が取締役会の過半数に達していない場合には、独立社外取締役を主要な構成員とする任意の指名委員会・報酬委員会などの独立した諮問委員会を設置することを求めています。

［図表 12］ 報酬委員会設置会社（市場第一部）の比率推移

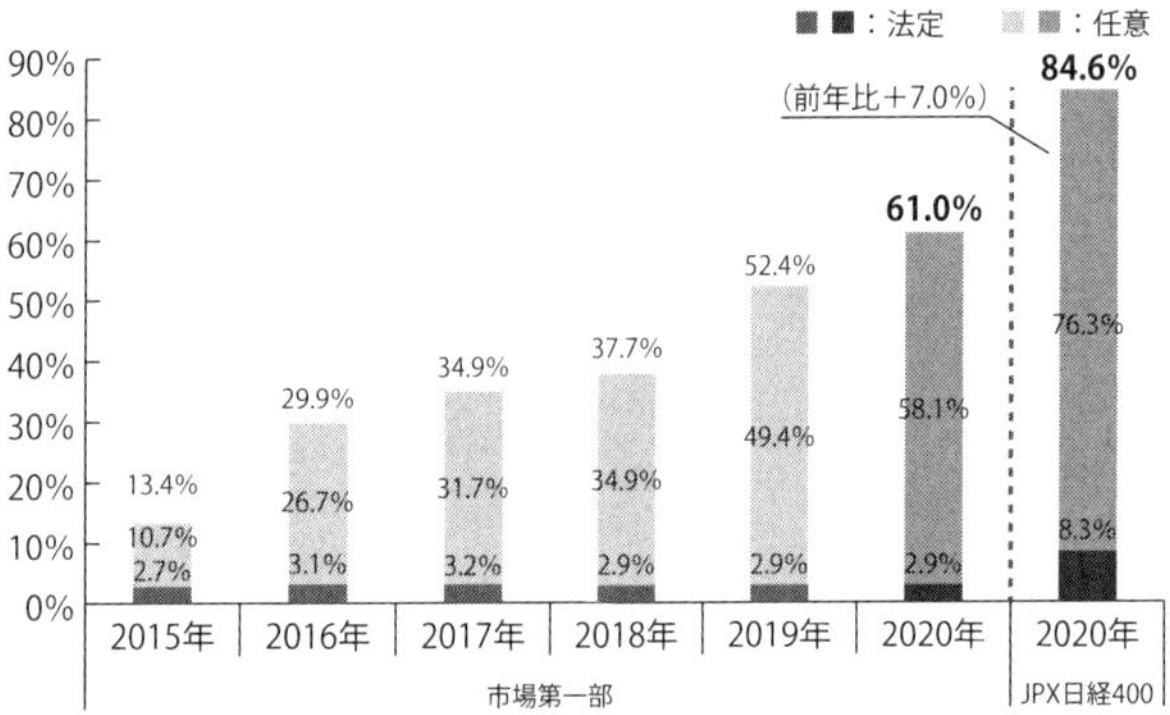

（東京証券取引所「東証上場会社における独立社外取締役の選任状況及び指名委員会・報酬委員会の設置状況」より）

こうしたCGコードの趣旨や要請を踏まえると、指名委員会等設置会社以外の上場会社でも、社外取締役をメンバーとした任意の報酬委員会を設置することが望ましいといえるでしょう。

実際、上記のグラフが示しているように、報酬委員会を任意で設置している上場企業は東証一部市場では5割を超えています。

監査は個人ではなく組織として行う

最後は、③監査の場面です。

社外取締役が監査委員あるいは監査等委員として監査を実行する場合、委員各自が個々にそれを行うのではなく、組織として取り組むことになります。

具体的には、監査の主体は監査委員会・監査等委員会であり、そうした委員会が内部統制システムを通じて監査を行うことが予定されています。これを「組織監査」といいます。

組織監査では、内部統制システムの構築・運用が特に重要であり、これが機能不全に陥ると、監査委員会・監査等委員会の監査自体が不十分なものとなってしまいます。

そのため、内部統制システムの構築・運用が適切になされているかは、監査委員会・監査等委員会が確実にモニタリングしていかなければなりません。

具体的には、内部統制システムを通じて行われる監査委員会・監査等委員会の監査は、内部監査部門が行う内部監査の結果にその多くを依拠することになるため、内部監査部門が策定する監査計画が十分なものであるかなどは事前に確認し、必要に応じて修正・追加等を指示することで組織監査が十分に機能するよう留意することが重要になります。

また、監査等委員となる取締役に関しては、その他の取締役とは区別して株主総会決議で選任され、任期が2年（その他の取締役は1年）であるなどその地位が非常に強く保障されています。

なお、監査委員である社外取締役が監査の場面でモニタリングの役割を果たした実例としては以下のようなケースがあります。是非、参考にしてみてください。

〔ケース〕監査委員である社外取締役の監査報告への意見付記（クックパッド）

【事案の概要】

指名委員会等設置会社において創業者取締役と代表取締役らの現経営陣との間で経営方針について争いが生じ、取締役会において創業者取締役の事業計画が採用されず、現経営陣の事業計画が承認されたものの、創業者取締役が、発行済株式の43・581％の議決権を有することを背景として、指名委員会において内定した取締役候補者のうち、自らを除くすべての候補者を入れ替えた内容の取締役選任議案の提案（株主提案）、および株主総会における委任状争奪戦を仕掛けることで（加えて、その後、かかる委任状争奪戦に敗れることを恐れた現経営陣との間で取締役候補者を「一本化」する旨の合意を行うことで）、自らの事業計画を実現すべく経営体制を変更しようとした。

このような状況で、定時株主総会において株主に対して提供された監査報告書に、監査委員である社外取締役の補足意見が付記された事案である。

【ポイント】

創業者取締役の行為に対して、監査委員である社外取締役は、取締役としての善管注意義務に違反するとまではいえないものの、会社の企業価値の最大化と少数株主の利益の正当な保護に反する恐れがあり、その方法も含めて、妥当ではないとの厳しい意見を監査報告書に付記した。

社外取締役は無責なのか？

ここまでみてきたように、社外取締役は経営者の指名や報酬の決定、監査の場面で非常に重要な役割を果たすことが期待されています。

では、そうした役割を十分に果たさなかった場合、社外取締役には何らかのペナルティが科されるのでしょうか。それとも、何ら責任を負うことはないのでしょうか。

例えば、先に取り上げたオリンパスや東芝、スルガ銀行の不祥事のケースでも、これらの会社に社外取締役は存在しました。

そこで、「何のための社外取締役なのだ。不祥事を防げなかった以上、責任を取るべきだ」という意見も当然、あり得るところでしょう。

ただ、社外取締役はあくまでも外部の人間なので、社内の細かな業務などに関して不正の事実に気づきにくい立場にいます。そのため、社外取締役については、常勤の取締役に比べて責任が問われにくいと考えられています。

もっとも「知らないのだから、責任を問うことは無理」となると、社外取締役の立場からすれば、「余計なことは知らない方がいい。下手に知ると、何かあったときに責任を取らされる」という気持ちになりかねません。つまり、社外取締役としての職務をなおざりにする恐れがあるわけです。

このように、社外取締役の責任問題は、そのインセンティブとも関わってくる非常に微妙な要素を含んでいるのです。

［第5章］

事例で学ぶ社外取締役の活用法

取締役に関する基本的な知識をおさえたところで、「社外取締役を実際にどのような形で活用していくべきなのか」についてみていきましょう。

社外取締役には、社内的なしがらみなどのために自社の取締役だけでは対応することが難しい問題や課題に外部の視点から切り込んでいく役割が求められます。

そうした社外取締役の働きが典型的に求められるケースとしては①M&Aの検討と、②不祥事対応の場面が考えられます。

それぞれについて具体的な事例を基に解説しましょう。

事業撤退の議論を社外取締役にリードしてもらう

M&Aを何らかの形で検討している企業は少なくないはずです。

ことに少子高齢化による国内市場縮小の影響を受けやすい業種では、持続的な成長を求めるのであれば、積極的なM&Aの取り組みが不可避となるでしょう。

もっとも、M&Aには第3章で述べたようにリスクもあります。実際、東芝の例などのように、M&Aの失敗が経営に大きなダメージをもたらすことは珍しくありません。

［図表 13］事例①　M＆Aの検討（撤退判断）

多数の事業を抱える某上場企業において、【投資家からの圧力】もあり、【資本コストの向上】に向けた事業の選択と集中が急務となっている。

見直し対象の事業の中には、A事業が含まれているが、当該事業は【創業時から続く事業】であり、歴代のトップに当該部門出身者も少なくない。

社長は「A事業の赤字はそれほど問題ではないのではないか」「A事業から撤退するという判断は説明できない」「事業の選択と集中は大切だが当社の良さを損なわないことも重要である」とA事業の見直しに明らかに及び腰である。

社外取締役からは、取締役会における検討に先立ち、【見直し対象となる各事業についての説明】を要求されている。

視点：近時の重要テーマを中心に

- 資本コストと事業ポートフォリオ
- 投資判断――M＆A（海外）
- 事業撤退判断
- 政策保有株式（資本コストにも関連）

一方で、経営者がリスクを恐れ過ぎるあまり、必要なM&Aを行わずにいることも適切ではありません。

社外取締役には、無謀なM&Aにはブレーキをかける一方で、必要なM&Aについてはしっかりと促していく役目が期待されるといってよいでしょう（2019年6月に公表された経済産業省「公正なM&Aの在り方に関する指針」でも、M&Aの場面において社外役員が果たすべき役割が強調されています）。

また、M&Aに関しては事例①で示したように事業撤退も問題となります。数多くある事業ポートフォリオの中に、資本コストに見合っていない事業がある場合には、本来、その整理を前向きに検討しなければならないはずです。

しかし、前ページの事例①で述べられているように、創業時から続く事業で、歴代のトップにその部門の出身者も少なくないような場合には、「余計な波風をたてたくない」などの内向きの配慮が働き、その事業からの撤退を決断することが難しくなります。

そこで、こうした事業撤退の場面で積極的に活用すべきなのが、社外取締役です。社内のしがらみにとらわれず、歯に衣着せずものを言える立場にある社外取締役に、取締役会の議論をリードしてもらうのです。

政策保有株式の検証作業にも社外取締役を積極的に関わらせる

なお、事業の撤退と同様に、社外取締役が積極的に経営戦略の見直しに関与することが期待されているものとしては、政策保有株式（純投資を目的としない持ち合い株式）の解消も挙げられます。

政策保有株式に関しては「経営の歪曲化、資本の空洞化などがもたらされ、一般株主の

［図表 14］事例②　不祥事（不正会計・品質偽装等）

某上場企業において、【不祥事】＊1の事実があることが、経営企画／法務／総務のメンバーのもとに噂として聞こえてきた。

内内の調査＊2をしたところ、何と【部門】＊3が主導しているような雰囲気である。

トップマネジメント層に相談したところ、「しばらく公表しなくてよい。その間、エラーを直して、顧客対応すればよい。公表してもよいことはない。そもそも、当該事業で（製品の）安全性や（食品の）健康性は問題ない」＊4

「法務総務や内部監査部門は騒ぐな」「君たちは、コストセンターにすぎない」

＊1不正会計／品質偽装（製品偽装・食品偽装・データ検査偽装等）
＊2誰が、どう、調査を行うのか
＊3主導していたのは、＊1の業務を主管する部門であった。不正会計であれば経理および経営企画部
＊4「ソフトランディング方針」とトップマネジメント層は呼んでいた

視点：企業不正や不祥事の発生と社外取締役の役割を考える

- 社外（取締役/監査役）のそれぞれ職務の範囲内か
- それぞれ報酬を受領してよいのか
- 社外役員が主導的な役割を果たすことが前面に出てきた
- グループガイドライン98ページ以下

利益が損なわれる」などの批判がかねてよりなされてきました。
　そのため、現在、国は政策保有株式の解消を企業に促しているところです。
　コーポレートガバナンス・コード（CGコード）でも、「政策保有株式の縮減に関する方針・考え方など、政策保有に関する方法を開示」することに加えて、「毎年、取締役会で、個別の政策保有株式について、保有目的が適切か、保有に伴う便益やリスクが資本コストに見合っているか等を具体的に

精査し、保有の適否を検証するとともに、そうした検証の内容について開示」すること等が求められています。

こうした政策保有株式に関する検証作業等においても社外取締役が主導的な役割を果たすことが求められるといってよいでしょう。

第1章で触れたように、不正会計や品質偽装等の企業不祥事は、大手、中小を問わずさまざまな業種で当たり前のように起こっています。

そして、前ページに挙げた事例②のように、不祥事の事実がありながら、あくまでも内密に処理して表に出さないようにする例も珍しいことではありません。

そしてそうした隠蔽ともいえる対応を、もしかしたら、トップマネジメント層は「ソフトランディング方針」などとよぶかもしれません……。

しかし、もし内部告発者が現れたり、あるいはマスコミがかぎつけたりなどしたら、これまで長い間、コツコツと築き上げてきた自社の信用や評価は一気に崩れ落ちることになるでしょう。

不祥事の調査でも社外取締役に主導的な役割を果たしてもらう

このような不祥事が起きた場合にも、社外取締役を上手に使うことによって適切な解決を図れる可能性があります。

具体的には不正調査等に社外取締役を関与させるのです。

その際に意識しておくべきポイントは、事例②とともに117ページに列挙しておきました。

そこに示してあるように、このテーマに関しては、まずそもそも不祥事への対応は社外取締役の職務の範囲といえるのかが問題となりますが、それについては肯定する見解が一般的といってよいでしょう。

実際、グループガイドラインでも、以下のように社外取締役が不祥事の調査等に積極的に関わることを求めています。

「有事対応においては、当該事案に利害関係のない独立社外取締役や独立社外監査役（独立社外役員）が、いわゆる第三者委員会の設置の要否を含めた調査体制の選択、同委員会の組成・運営において主導的な役割を果たすべきである。」

ここで触れられている第三者委員会の設置は不祥事が発覚した後の対応策ですが、発覚前のいわばその火種がくすぶっている段階、つまりは不祥事の予防、発見を図るべき段階でも、社外取締役を活用する手だてはあります。

例えば、内部通報の窓口として社外取締役を利用するという選択肢も考えられます。また、不祥事対応のノウハウとしては、次ページに挙げた「不祥事対応のサイクル」「不祥事対応の行動原理」も参考になるかもしれません。

[図表 15] 参考① 不祥事対応のサイクル

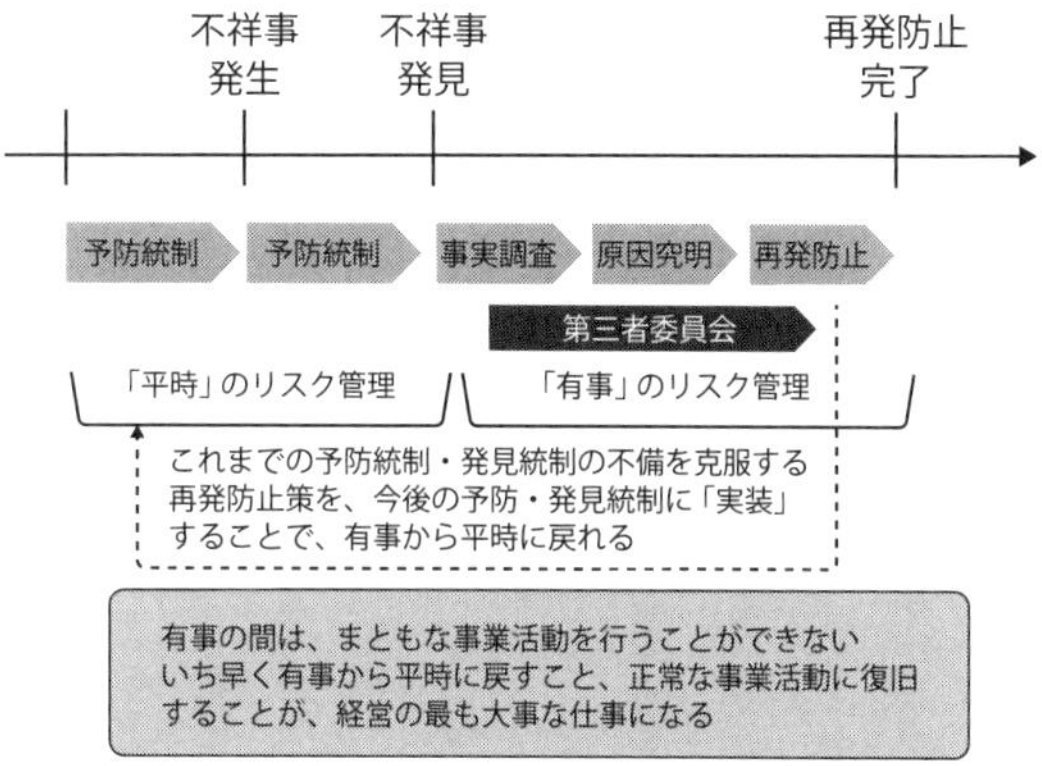

[図表 16] 参考② 不祥事対応の行動原理

被害の最小化〈タテ軸〉	被害の早期発見		いち早く被害発生を食い止める
	二次被害の防止		欠陥製品による事故や健康被害を防ぐ、企業恐喝に屈して金を払わない
信頼回復の最速化〈ヨコ軸〉	自浄作用の発揮	事実調査	事実関係を正確に把握
		原因究明	組織的要因・真因を特定
		再発防止	実効的な再発防止策を実装
	ステークホルダーへの説明		自浄作用を発揮したことを説明 ステークホルダーの信頼をV字回復

この部分を、第三者委員会の
「独立性」と専門性で信用補完してもらう

（竹内 朗「不祥事対応の全体像からみた第三者委員会設置時の留意点」旬刊商事法務2053号）
を基に作成）

社外取締役はどのように選べばよいのか

以上のようにM＆Aの検討や不祥事対応の場面で、社外取締役を積極的に使うことによって、それらの課題をスムーズに解決することが期待できるはずです。

もっとも、そのように活用する前提として、まずは自社に適切な人材を見つけて社外取締役に選任しなければなりません。

では、社外取締役はどのように選べばよいのでしょうか。

経産省がまとめたCGSガイドラインでは、人数や独立性などの要件を気にするだけではなく、目的意識をもってその候補者を探すことが推奨されています。

具体的には、社外取締役を求めるうえで大きく以下の４つの場面にわけて検討することを促しています。

①社外取締役の要否等や求める社外取締役像を検討する場面

②社外取締役を探し、就任を依頼する場面

［図表 17］社外取締役選考のステップ

ステップ	検討事項	場面
1	自社の取締役会の在り方を検討する。	社外取締役の要否等や、求める社外取締役像を検討する場面
2	社外取締役に期待する役割・機能を明確にする。	
3	役割・機能に合致する資質・背景を検討する。	
4	求める資質・背景を有する社外取締役候補者を探す。	社外取締役を探し、就任を依頼する場面
5	社外取締役候補者の適格性をチェックする。	
6	社外取締役の就任条件（報酬等）について検討する。	
7	就任した社外取締役が実効的に活動できるようサポートする。	社外取締役が就任し、企業で活躍してもらう場面
8	社外取締役が、期待した役割を果たしているか、評価する。	社外取締役を評価し、選解任を検討する場面
9	評価結果を踏まえて、再任・解任等を検討する。	

（経済産業省「CGSガイドライン」より）

③社外取締役が就任し、企業で活躍してもらう場面
④社外取締役を評価し、選解任を検討する場面

これらの場面に応じて、さらに上記の図表に示したような形で検討を行い、社外取締役を選ぶことが提案されています。

スキルマトリックスを活用し適所適材な人材配置を行う

また、多くの会社では取締役会のメンバー構成を確認・開示する手段として、「スキルマトリックス」を活用し始めて

［図表 18］スキルマトリックスの例

氏名	独立性（社外のみ）	社長経験	会計税務	業界の知見	営業販売	国際ビジネス	研究製造	法務	リスクコンプライアンスガバナンス	●男性 ●女性
○○ ○○		●		●		●				●
○○ ○○		●		●	●	●				●
○○ ○○				●		●	●			●
○○ ○○				●	●	●				●
○○ ○○	●	●			●	●				●
○○ ○○	●	●			●					●
○○ ○○	●						●			●
○○ ○○				●					●	●
○○ ○○				●					●	●
○○ ○○	●		●						●	●
○○ ○○	●		●						●	●
○○ ○○	●							●	●	●

います。

　スキルマトリックスとは、取締役の氏名、性別に加えて、素養や得意な分野などを表にまとめたものです。アメリカを中心に利用され始め、日本でもここ数年、採用する上場企業が増えています。

　上記の図表に示されているように、会計・税務、業界の知見、営業・販売、国際ビジネス、研究・製造、法務、リスク・コンプライアンス、ガバナンスなどの素養について、各取締役がそれぞれどれを満たしているのかを一覧できるような形になっています。

　スキルマトリックスを利用することによって、例えば「国際ビジネスに通じた取締役が不足しているから、その素養を備えた社外取締役を探そう」などというように、取締役会全体のバランスを考慮した適所適材な人材配置と活用が可能となります。

社外取締役には経営者とは違う立場で物事を見る人材が求められる

以上のほかに、社外取締役に適切といえる人材を選ぶ際には次ページの図表に示したような視点をもつこともお勧めします。

社外取締役には、経営者とは違う立場で物事を見て分析して指摘できる人材が求められます。

そうした観点からは、図の◎で示したようなタイプの人を探し求めるとよいかもしれません。

また△のような人材はやや難があるとはいえ、◎の要素を備えているのならばまだ許容できるでしょう。

ただし、×のような人材は無用なトラブルの原因となるリスクがあるので、やはり避けるべきと考えます。

［図表19］社外役員に向く人材

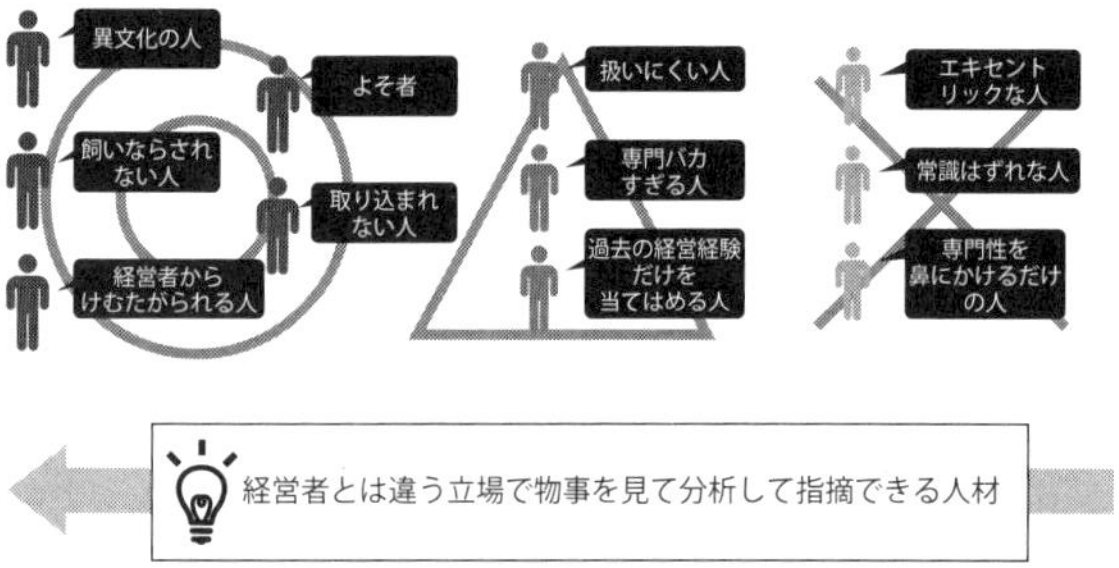

事務局に社外取締役をサポートさせる

取締役会を下支えする組織として事務局を整備している企業は少なくありません。そのスタッフは経営企画部、総務部、法務部などさまざまな部署の人が担当するなど、会社によって千差万別です。また、売上が1兆円を超えるようなレベルの企業であれば、専属のスタッフが配置されていることもあります。

「事務局＝取締役会のお世話係」のようなイメージもあるかもしれませんが、そうした単純なとらえかたは適切ではありません。各部門からあがってくる資料を取りまとめて重要なものをセレクトし資料として用意するなど、事務局の働きがなければ取締役会はスムーズに回らないといっても過言ではないでしょう。

ことに、社外取締役を活用するうえでは、事務局が事前に必要な資料を送ったうえで、疑問や不明な点について質問等に答えたり、場合によってはレクチャーしたりなどといったサポートをしっかりと行うことが重要になります（また、事務局のスタッフの動き方次第では、然るべきエビデンスを提供して、例えば会社が隠そうとしている不正などを社外取締役に追及させることも可能となるかもしれません）。

社外取締役と情報を共有できる仕組みをつくる

社外取締役には、監査役と異なり積極的に情報を得るための手段がありません。そこで、どのように情報を共有させるのかが、社外取締役を活用するうえでは大きな課題となるでしょう。

監査等委員や監査委員を務める社外取締役であれば、監査の職責を果たす過程で半ば必然的に情報を得ることが可能となりますが、そうでない社外取締役についてはどのように情報経路を確保するかがやはり問題となります。

一つの手段としては、社外取締役に経営会議への参加を促すことが考えられます。経営会議に出席すれば、取締役会では得られない情報を入手することも可能となるでしょう。ただ、実際問題として、ほとんどの社外取締役は本業をもっているでしょうから、そのための時間を確保することは難しいかもしれません。

そう考えると、やはり別途、社外取締役が必要な情報にアクセスすることを可能とする何らかの仕組みを構築することが望ましいといえます。

なお、私自身は、情報入手等を目的として社外取締役を務めている企業のCEO（経営トップ）との面談を少なくとも年に二回は実施しています。

そのほかにも、取締役会の場に限らずさまざまな形で、よりよい経営の実現を目的としたディスカッションを会社関係者と行うよう心掛けています。

社外取締役として指摘すべきことは指摘し、その中から一部でも経営改善のために取り入れてもらう、そして、具体的な改善策の実践をモニタリングしていくという形でPDCAを回し続けていくことが自らの役割と考えています。

第三者委員会の委員に社外取締役を選任する

社外取締役の活用は、不祥事発生の対応という危機管理の場面、具体的には第三者委員会の設置・運用の場面でも期待されています。

第三者委員会については法令上の定義はありませんが、日弁連ガイドラインではこれを「調査を実施し、事実認定を行い、これを評価して原因を分析する委員会」と位置付けています。

前述したようにグループガイドラインにおいては、社外役員が不祥事調査等において主導的な役割を果たすことの重要性が指摘されています。

社外取締役にこうした役割が求められているのは、（まったくの外部者と比較して）当該企業のビジネスやそのリスクおよびその管理体制を把握しているゆえに、その知見を不祥事等の調査にも活かし、実効性の高い調査を可能にする機能をも担うことが適切であると考えられているためです。

また、今後の調査実務は社外取締役が中心となって委員会を構成し、調査補助者として

[図表20] 経営を規律する構造と外部調査委員会の位置付け

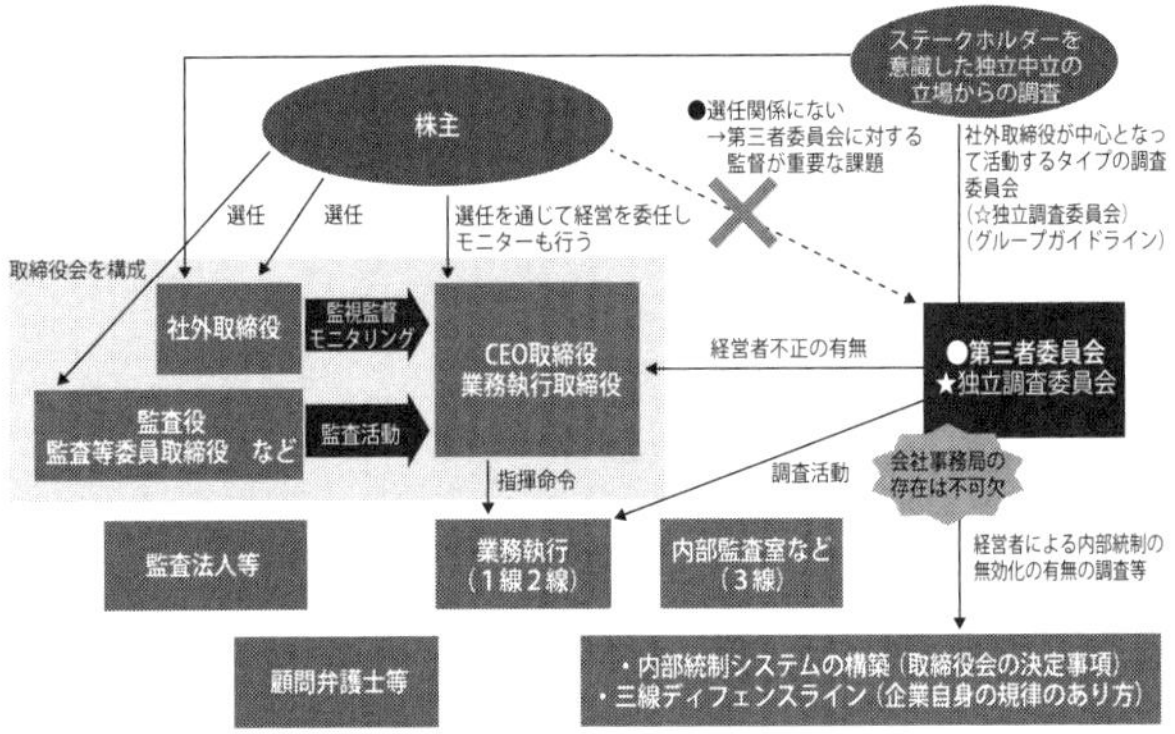

いわゆる弁護士および会計士等の職業的プロフェッションが事案に応じて配置され、実際の調査実務を担うスタイルが多くなると予測されています。

　こうした実務の動静などを踏まえて、万が一、自社で不祥事が起こった場合には、第三者委員会の設置を含めて社外取締役をどのように関与させていくのかを、平時から前向きに検討しておくことが望ましいでしょう。

経営理念が浸透しているか否かも社外取締役にウォッチさせる

　私はこれまで多くの第三者委員会の委員長を務めてきました。その経験から体感的に思うことは、経営理念が浸透している企業は不祥事、コンプライアンス違反が起こりにくいということです。

また、取締役会改革が実効性を伴うためには、会社の目的や価値観が形だけではなく企業文化として組織に根付いていなくてはなりません。そうした会社の目的や価値観を体現する核となるものが経営理念にほかなりません。

もっとも、経営理念の浸透は一朝一夕に実現できるものではありません。経営トップが自らの言動で絶えずそれを示し続けることが求められます。

企業のリーダーは言葉を大切にしなければならない

とりわけ、言葉の力は非常に重要です。

国家（政府）も企業も意思決定をします。

一定の目的を果たすために、人や資源を組織化し、一致して行動しなければ、そうした意思決定に基づく実行は無意義になります。

そして、意思決定に関して、企業は従業員に対して（国家であれば政府職員に対して）

［図表21］ 経営の失敗・組織運営の失敗

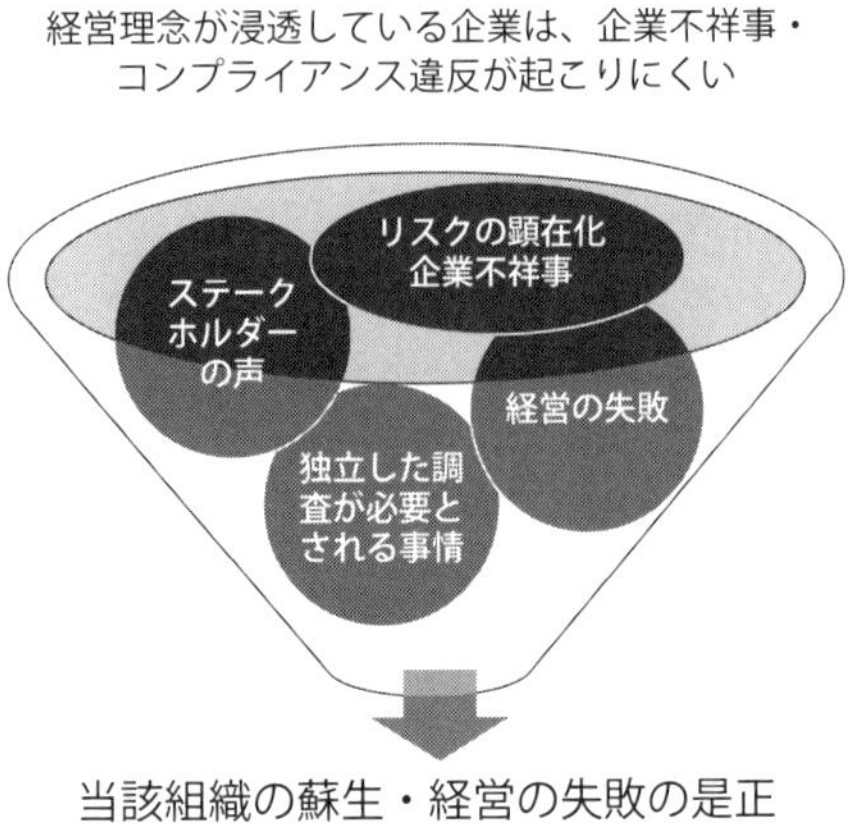

きちんと説明することが求められます。また、その説明は言葉によることになります。

だからこそ、言葉の力を侮ってはなりません。企業を動かし（国家を動かし）、組織を動かすのは言葉の力なのですから。

したがって、企業のリーダーは、言葉を大切にし、経営理念を従業員に語りかけ、従業員の成長を不断に後押しする責任があるのです。

「取締役会改革を絶対に成功させる」と強く望むのであれば、トップがこうした経営理念に関わる取り組みを真摯に行っているのかも社外取締役にウォッチさせるのが適切かもしれません。

社外取締役に求められる7つの視点

社会正義が求められるＳＤＧｓの広がりやＥＳＧ投資が急激に拡大している今、「変化への対応」とともに企業に強く求められているのは「integrity（正直であること、高潔であること）」かもしれません。

これは社外取締役に求められる正義の探求や倫理観とも合致しているといえます。社外取締役には目先の短期思考に陥らず、長期視点からの経営への監視監督が期待されるといえるでしょう。

そのような観点から、社外取締役に求められる7つの視点を、本章の締めくくりとして挙げておきましょう。

企業の側からすれば、以下のような視点を社外取締役に求めることが、その活用の際に必要になるはずです。

①ＩＴへの取り組み

・５Ｇ、さらには６Ｇが普及しようとするなか、全企業がますますＩＴへの取り組みを加速させなければならない。

・サイバー空間、ＷＥＢ空間を自社ビジネスにどうアジャストしていくか。その進展をウォッチする。いわゆるＤＸ（デジタルトランスフォーメーション）への取り組みを検証していく。

②事業ドメイン

・「事業ドメインをどこにおくか」について社外取締役としても、経営側をチェックすべきである。

・潤沢なキャッシュや不動産を抱えた会社は、外資から狙われやすい。ファンドや年金基金は、株式等に投資することは自らの手でも行えるため、企業に対しては資産運用よりも本業の事業を着実に成長させることを求めている。

・経営の事業体の面では、新規ビジネスをどう創り出すかが重要。創り出すというと、Ｍ

&Aを想像しがちであるが、自社の苦手分野を売却する勇気も大切。

・さまざまな事業分野をもつことに関して、日本の企業経営者はポートフォリオを構築することにより経営の安定性を保持していると主張するが、投資家は分野が多岐にわたれば精力分散になり経営にとってマイナスとなることを懸念している（もっとも、ウォーレン・バフェットによる五大商社への投資に関しては別途の考慮が必要）。

③新しいテクノロジーと法制度の動き

・新しいテクノロジーや、グローバルな法制度（ルール）の動きについても絶えずウォッチしなければならない。

④働き方

・ウィズコロナ、アフターコロナの時代には、社員の働き方がより重要になってくる。

・新型コロナ対策でリモートワーク等が普及したことにより、逆に仕事がしやすくなった面がある。そうした状況を自社の働き方改革に積極的に役立てていくべきである。

その際重要となるのは、「従業員の安全の確保・良い人事評価の策定」である。従業員の安全の確保に関しては、例えば、「リモートワーク時に家で起きた事故は労災に該当するのか?」「どこまで企業が管理する必要があるのか?」といったことが課題となるだろう。その一方で、セキュリティ面や企業情報管理も重要問題になる。

人事評価に関しては、リモートワーク時の働きぶりや仕事の達成度をどのように評価すべきかが問題となる。

・地球課題を念頭におきつつ、人(従業員)の成長を後押しする企業は、最終的には企業価値(株価)が増大するはず。

⑤経営理念

・従業員の成長を後押しするような経営をしているかどうか、をウォッチする。
・具体的にはトップが経営理念を語り、それを社員に浸透させ、個々の社員の成長を促しているかを見る。
・社員が成長すれば最終的には企業の成長につながる。単に従業員満足度を高めるといった迎合主義はほどほどにした方がいい。社員個人の成長を考える姿勢が大切になるだろう。

・どんなに時代が変化しても、経営理念・ミッションが従業員一人ひとりにしっかりと浸透していれば、必ず企業は良いものを創ることができる。

・トップの言葉によって従業員・投資家を惹きつけることで評価を得て、社会に貢献する。

・幸せ中心社会への転換を企業のトップがメッセージとして発信する。

⑥ 後継者育成

・社会情勢や価値観が加速度的に変化するなかで、同じ人間が何年もトップでいることは難しくなっている。

・社外取締役が「後継者育成」「後継者計画」を不断にウォッチする必要がある。

・「その後継者計画、大丈夫ですか?」と確認していく姿勢が大切。

⑦BEYOND（ビヨンド）コンプライアンス

・コンプライアンスは当然、遵守する。それを超える価値を地球課題に対応する形で生み出しているかをチェックする。

・ＳＤＧｓ、脱炭素社会を目指すグリーンリカバリーの動きに目を配る。

・「環境や社会、広くステークホルダーに配慮した経営をしているか」を不断にウォッチする。そこに真の企業統治がある。

・「加速する変化を恐れない」という姿勢が求められる。

［第6章］

これからの取締役会で議論すべき7つの重要テーマ

先にも述べたように、モニタリング・モデルのもとでは取締役会に上程する事項を絞りこんだうえで、大所高所な議論をじっくりと行っていくことが求められます。

また、経営にとって重要な事項は時代時代によって異なり得るので、「今の時代状況において何を議論するべきなのか」をしっかりと見極めることも大切となるでしょう。

そうした観点から、現在、取締役会において取り上げることが望ましいテーマとしては、次の7つが挙げられます。

Ⅰ　〝3つのウイルス〟への備えを進める

Ⅱ　ESGと国連SDGsへの対応

Ⅲ　内部監査部門の強化

Ⅳ　経営権争奪への対応

Ⅴ　競争法（独禁法）違反のチェック

Ⅵ　グループ・ガバナンスの視点をもつ

Ⅶ　サプライチェーン問題

それぞれの具体的な中身について順番にみていきましょう。

Ⅰ　〝3つのウイルス〟への備えを進める

ウィズコロナ、アフターコロナの時代には、次ページの図にまとめたように、⑴新型コロナウイルス、⑵コンピュータウイルス、⑶情報ウイルスという〝3つのウイルス〟を意識して、それらが引き起こす可能性のある課題や問題への対応が求められることになります。

まず、⑴新型コロナウイルスについては、リモートワークが進展するなかで、管理職のマネジメント力が試されることになるでしょう。

具体的には、従業員との一体感をどのように保つのか、また先にも触れたようにインサイダー取引や情報漏えいのリスクに対してどのように備えるのかなどが大きな問題となり得ます。

そして、そうした課題に十分対応できるだけのマネジメント力を備えた管理職の育成も

［図表22］経営が立ち向かうべき３つのウイルス

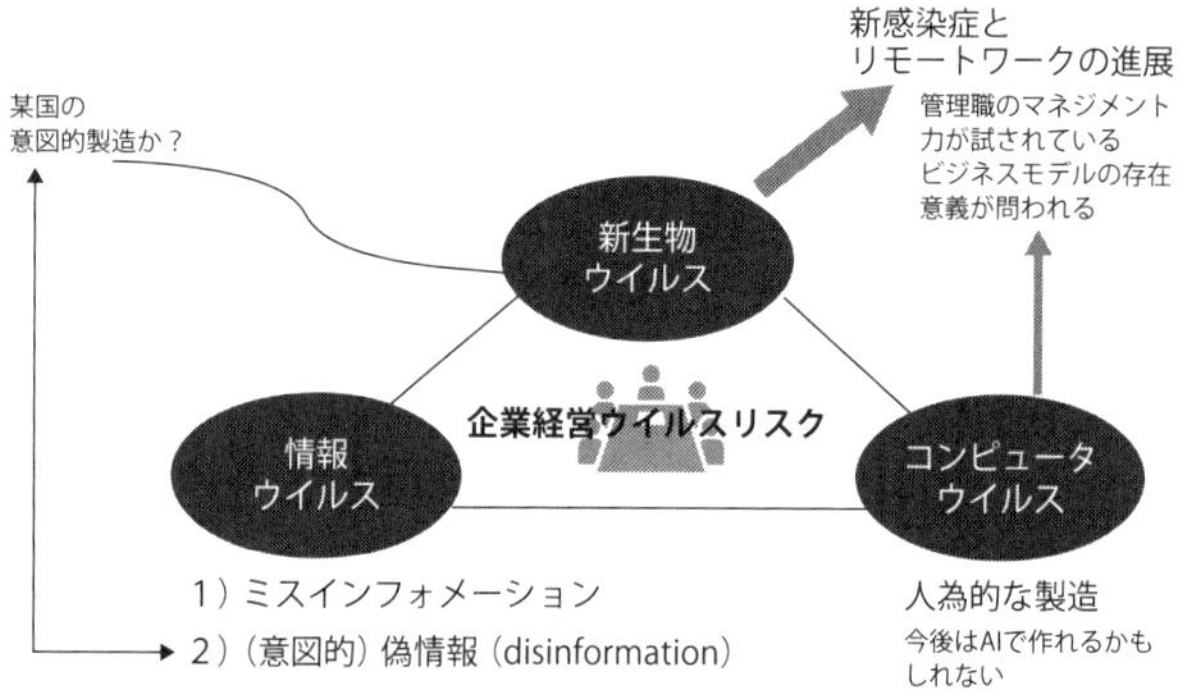

私的な領域（企業活動を含む）では：心のグローバル化が求められ、
国家は：情報の自由な流通と公開が必要

必要となるはずです。

さらには、自社のビジネスモデルの存在意義も問われることになります。〝従来のビジネスを今のまま続けていいのか〟と改めて問い直し、新たなビジネスを積極的に模索することが必要となるかもしれません。

それから(2)コンピュータウイルスに関しては、これまではもっぱらオフィス内での対策が中心だったはずです。

しかし、これからは、リモートワークを行う中で個人の家のパソコンにもコンピュータウイルスが侵入することを想定して対策を講じなければなりません。

ＡＩでコンピュータウイルスを作ること

も可能であるといわれており、今後、その技術はさらに高度化していくはずです。最新のウイルス情報をフォローして、対策手段を常にアップデートしていくことが求められます。

情報ウイルスには2つの種類がある

最後の⑶情報ウイルスは、虚偽の情報をウイルスに例えたものです。虚偽の情報は、経営判断を誤らせたり、あるいは会社の評価や信用を低下させるなどさまざまな被害やリスクにつながるおそれがあるため、平時から何らかの対策を講じておくことが望ましいでしょう。具体的には、①ミスインフォメーションと②ディスインフォメーションへの対応が必要になります。

①ミスインフォメーションは、意図的ではない誤情報です。自社内部の情報に関する会社自身の判断ミスや経営ミス、社員のミスや取締役のミスなどもあれば、社外からきた情報に対する判断のミスもあるかもしれません。

一方、②ディスインフォメーションは意図的な偽りの情報です。社員の悪意や外部の悪意によって流される情報です。

こうした情報ウイルスをどのように予防するのか、リスク対策をどのように行っていくのかを取締役会で議論することが必要でしょう。

Ⅱ　ＥＳＧと国連ＳＤＧｓへの対応

ここまで、ＥＳＧと国連ＳＤＧｓの重要性についてはたびたび触れてきました。取締役会では、これらに関して自社がどのようなメッセージを打ち出し、実際にどのような取り組みを行っていくのかを議論することが必要です。

まずは、この２つの流れを加速する以下のような３つの潮流があることをおさえておきましょう。

①従来の国連などの公的セクターのみならず、金融・投資セクターや事業会社に対する積極的な参加を促す動き
②企業価値の決定因子が、有形資産から無形資産に替わってきている事実
③長期投資家のニーズが顕在化し機関投資家のプレゼンスが高まっている実態

こうした状況を十分に理解したうえで、社会の発展や社会課題の解決に貢献する姿勢を示すことができなければ、利益を持続的に計上することが難しくなり、投資家をはじめとしたステークホルダーの信頼も失うことになるはずです。

実際、ここ数年来、海外の機関投資家を中心にダイベストメントの動きが加速していることには十分な留意が必要です。

ダイベストメントの動向を意識すべし

ダイベストメント（divestment）とは、インベストメント（investment）の反対語であり、「投資撤退」などと訳されています。

具体的には、株式や債券を手放すなどして投資先から資金を引き揚げることを指しますが、ＥＳＧ等の視点から、環境や社会に悪影響を及ぼす恐れのある企業への投資を中止するという意味でも使われています。

とりわけ、地球温暖化の原因とみられている石油や石炭などの化石燃料を扱う企業を対象としたダイベストメントが活発化しています。

最近、日立が火力発電事業から完全撤退することを決めたのも、世界的なダイベストメントの動向を意識したものといえるでしょう（その一方で、いわゆる逆張りの発想でかかる分野への投資を決断する企業や投資家も当然います）。

また、同じくＥＳＧやＳＤＧｓの観点から、企業の気候変動対応と役員報酬をひも付ける議案や、気候変動に関する情報開示に関する株主提案なども海外では盛んに行われています。

その背景として、ＴＣＦＤ（気候関連財務情報開示タスクフォース）が世界的に注目されており、気候変動情報を提供する賛同企業も世界的に増加傾向にあることには注意を払っておくべきでしょう。

このようにこれからの企業経営には、地球的な大きな視座が欠かせません。地球環境に最大限に負荷をかけない取り組みを積極的に実践し、自社のメッセージとして発信していくことが必要です。

例えば、自社製品の容器に環境負荷が高い材料を使っているのなら、より負荷の低い材料を開発し、自社のグループ会社はもちろん取引先などに対してもその使用を促すなどの取り組みが考えられるでしょう。

Ⅲ　内部監査部門の強化

内部監査部門の強化は、これからの取締役会で是非、議論してほしいテーマの一つです。おそらく、ほとんどの企業では内部監査室などとよばれる内部監査部門の存在感がそれほど大きくないはずです。いわゆる社内エリートもその大半は経営企画室などの花形部署に回され、内部監査室は一線を離れた人が行くところというイメージがあるかもしれません。

しかし、第3章で触れた3線ディフェンスラインの一翼を担う存在として内部監査部門は非常に重要な機能を有します。

また、不正が発覚し、調査委員会が設置されたような場合には、そのサポート役として内部監査部門が不可欠の役割を果たすことになるかもしれません。

具体的には、調査委員会と企業等の橋渡しとなる事務局の仕事を内部監査部門の担当者が担う場合があります。資料の収集や管理、ヒアリングの調整等だけでなく、当該企業等の置かれた状況説明など、事務局のサポートがなければ調査委員会はおよそ回りません。

このように内部統制等の場面において内部監査部門が欠くことのできない役目をもつことに鑑みると、内部監査部門にこそ、自社のエース人材を送り込むのが適切といえるのではないでしょうか。「内部監査室で監査経験を積ませたうえで、執行ラインに戻らせる」といったことも、社内キャリアパスの選択肢として一考の余地があるかもしれません。

さらにいえば、平時からの危機管理対応構築としても、すなわち不正が起こったときに的確かつ機敏な対応を取れる人材の養成にもつながるはずです。

Ⅳ 経営権争奪への対応

近年、敵対的ＴＯＢ（株式公開買い付け）や突然の買収提案、株主提案や株主総会招集請求による揺さぶりなどが上場企業に対してなされる事例が、とみに増えていると感じます。

例えばここ1、2年の間に、マスコミで取り上げられた例に限ってみても、以下のようなケースを挙げることができます。

・村上ファンドによる東芝機械へのＴＯＢ
・乾汽船に対するファンドからの取締役解任等を求める株主提案
・伊藤忠によるデサントへのＴＯＢ
・ヤフー（ソフトバンク）によるアスクル経営陣解任
・コロワイドによる大戸屋へのＴＯＢ

では、こうした敵対的ＴＯＢ等に対して、取締役会としてどのような対応を取るべきなのでしょうか。

従来は敵対的買収等が仕掛けられた場合、「買収者が濫用的な買収者なのか」「グリーンメーラーなのか」などといったリーガルな視点から検討することが多かったと思います。

しかし、今はそれだけでは不十分です。ステークホルダー等の視点を踏まえた、より広い観点から多角的に対応策を検討することが求められているのです。

例えば、現経営陣の立場からは敵対的に見えたとしても、従業員や株主などほかのステークホルダーにとっては、買収されることが実は好ましいといえる場合もあるかもしれません。

実際、近時は、「市場における株主の判断」「従業員の総意」「海外を含めた消費者の考え方」等々の観点をもとに、買収者と被買収者のどちらがステークホルダーの賛同をより得られるかといった要素が委任状合戦等の勝敗に影響を及ぼす傾向が強まっています。

さらに踏み込んだことをいえば、敵対的買収が仕掛けられるケースでは株価が過度に低迷しているケースが少なくありません。

株価が安くなっているのは端的にいえば事業がうまくいっていないからであり、経営陣の能力不足に原因があるともいえるでしょう。

そして、もし経営陣の能力が足りないのであれば、買収者の側に経営を委ねる方が逆によいのではないか、つまりは、現経営陣には身を退いてもらい、これまでにはなかった新たな視点で経営をしてもらう方が会社の利益になるのではないかと検討してみることも必要となるかもしれません。

また、そうした検討を促すことも社外取締役には求められるかもしれません。

グローバルな敵対的買収への対応も検討する

なお、TOB等に関しては、今後は海外企業による買収提案等の事例が増える可能性があります。

最近の例では、象印マホービンに対して中国系ファンドが取締役の選任について株主提案を行ったことが話題になりました。

日本の有名ブランドは中国でも非常に強い訴求力をもっていることから、中国企業や中国系ファンドによるTOBはとりわけ数を増していくのではないでしょうか。

社員の立場からいえば、知らない間に中国人が自社のオーナーになっていて、その強い影響力のもとにある者が自分たちのトップになるかもしれないわけです。

そのような国境を越えたグローバルな敵対的買収に対してどのように対応するのかも、取締役会で考えておくことが必要でしょう。

V 競争法（独禁法）違反のチェック

また会社によっては、競争法（独占禁止法）違反を行っていないかどうかをチェックすることも検討することが求められるかもしれません。

規模がそれほど大きな会社でなくても、ニッチな分野をおさえた事業を展開しているのであれば独禁法のルールに触れる可能性、ことに不公正な取引の一類型である「優越的地位の濫用」に問われるケースは十分にあるでしょう。

優越的地位の濫用とは、自己の取引上の地位が相手方に優越している一方の当事者が、取引の相手方に対し、その地位を利用して、正常な商慣習に照らし不当に不利益を与える行為のことです。

分かりやすい例としてはインターネットのプラットフォーマーが、その利用者に対して過度の金銭的負担を強要するようなケースです。

実際にも、近時、日本の大手ネットモール事業者が出店者負担で送料を一律無料とする方針を決めたことを巡って独禁法違反が問題となりました。

それから、企業はさまざまな形・目的でフリーランス、すなわち雇用関係にはないが個人として役務を提供する者と業務委託契約を結ぶ機会が多いでしょう。

そうしたフリーランスとの契約関係においても、優越的地位の濫用が問題になり得ます。フリーランスは一般に立場が弱く、保護の必要性は労働者と大きく変わりません。しかし、労働者は労働法により手厚く保護されているのに対して、フリーランスの経済活動を正面から保護する法律は存在しません。

そこで、フリーランスも事業者であることに着目して、その経済活動に対して独占禁止法を適用することによってその保護を図る動きが近時強まっているのです。

フリーランスとの契約で注意すべきポイントを知る

例えば、フリーランスとの契約において、次のような行為は独占禁止法上、問題となり得る場合があります。

①複数の発注者（使用者）間での対価の取り決め

②複数の発注者（使用者）間での移籍・転職を制限する内容の取り決め
③事業者団体などによる価格基準の取り決め
④秘密保持義務・競業避止義務を課すこと
⑤専属義務を課すこと
⑥成果物の非公表義務、成果物の転用制限、肖像等の独占的許諾義務、著作権の無償・低廉譲渡義務等を課すこと
⑦事実とは異なる優れた取引条件を提示し、または役務提供に係る条件を十分に明らかにせず、役務提供者を誤認させ、または欺き自らと取引するようにすること

また、独占禁止法上は直ちに問題とならない場合でも、競争に悪影響を与えたり、同法違反を引き起こす誘因となったりする次のような行為は、望ましくないと考えられます。

①対象範囲が不明確な秘密保持義務、または競業避止義務を課すこと
②書面によらずに、報酬や発注内容といった取引条件を提示すること

③合理的理由なく対価等の取引条件についてほかの役務提供者への非開示を求めること
④対価をあいまいな形で提示すること

独禁法は特殊な法律であり解釈の難しいところもあるため、可能であればそれを専門分野とする弁護士にオブザーバーとして取締役会に参加してもらうことを検討してもよいでしょう。

Ⅵ グループ・ガバナンスの視点をもつ

(1)子会社等の管理の場面

親会社と子会社の関係を巡る問題が、近年大きくクローズアップされています。その背景としては、法改正による環境整備が進んだこともあって、ここ2年余りの間に、上場会社では親子会社関係を中心としたグループ経営への移行が急速に進んだことが挙げられます。

親子会社に関わる法改正の流れを具体的にみると、1997年の独占禁止法改正により持株会社の設立等が解禁されてから、これと軌を一にして商法（会社法）においても、合併制度の簡素化・合理化（1997年改正）、株式交換・株式移転制度の導入（1999年改正）、および会社分割制度の導入（2001年改正）等が行われてきました。

こうした状況のなかで、第一に大きな課題となっているのは、「子会社管理をどのように行っていくのか」ということです。

子会社の数が増えれば、そのなかには親会社の目が十分に届かないところも出てきます。とりわけ、海外子会社の場合には、管理が難しく治外法権のような状態になるところも出てくるでしょう。そうした国内外の複数の子会社をどのようにまとめていくのか、子会社に対する内部統制をどのように確保するのかが問題となっています。

前述したグループガイドラインはそうした状況に警鐘を鳴らすために、子会社管理の徹底を促すためにまとめられたものです。

取締役会の議題としても、子会社をどう管理していくのかは一つの大きなテーマといえるでしょう。

(2) 親子上場の場面

また、一方で、日本では上場企業がさらに子会社を上場させる例も多く、その場合には、上場親会社と上場子会社の間で〝事業機会の収奪〟が問題となり得ます。

〝事業機会の収奪〟とは、子会社が育てたビジネスを親会社が取り上げてしまうことです。その結果、本来子会社の株主が得るはずだった利益は、親会社の株主に奪われてしまうことになります。

日産のゴーン元会長のもとでも、この問題が起こっていたといわれています。具体的に述べると、日産の生産ラインの一部をルノーに移管したことによって、日産の一般株主の利益が毀損されたと指摘されています。もしそれが事実だとすれば、親会社が子会社の事業機会を奪取した例とみなすことができるでしょう。

このように親子上場の場合には、親会社が子会社の利益を蔑ろにする恐れがあるために、子会社の社外取締役を増やして、厳格にチェックを行わせようという動きも強まってきています。

もし、現在、子会社を上場しているのであれば、コンプライアンスを徹底する観点から

［図表23］サプライチェーンにおける不祥事

業務委託先や仕入先・販売先などで問題が発生した場合においても、サプライチェーンにおける当事者としての役割を意識し、それに見合った責務を果たすよう努める。

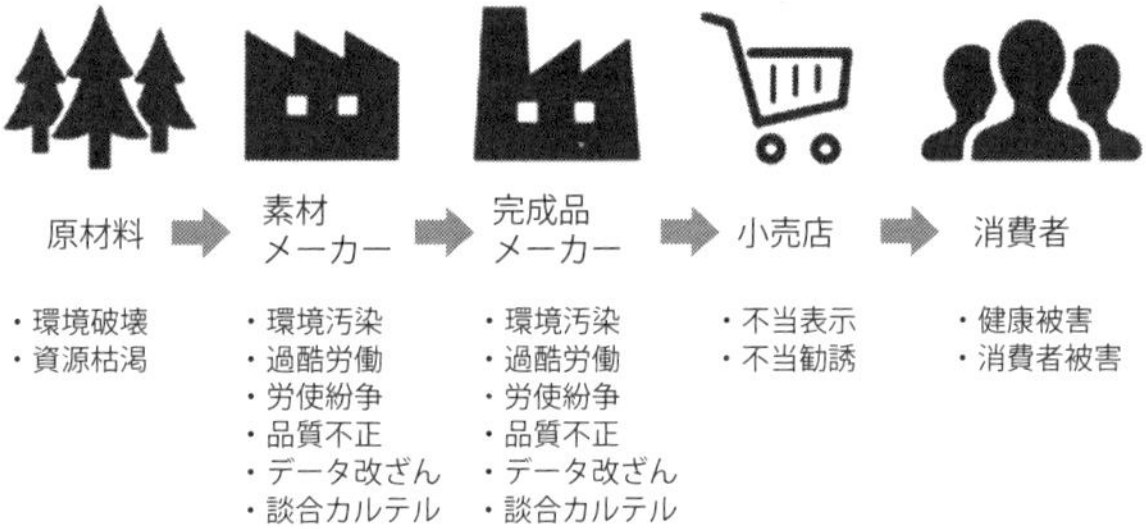

も、そうした取り組みを自社で積極的に行うことが望ましいといえるでしょう。

Ⅶ　サプライチェーン問題

企業活動を行う中でサプライチェーンを構成する他社（資本関係があるとは限らない）と緊密な関係を結んでいることが珍しくありません（図表23参照）。

企業は、サプライチェーンにおける当事者としての役割を自覚し、かつ、それに見合った責務を果たすよう努めなければなりません。

例えば、業務委託先や仕入先、販売先などで問題が発生するケースが多々あります。

他社が大規模な不祥事を起こすと、サプライチェーンの川上・川下に位置するすべての会社にその悪影響が及ぶことが通例です。

そこで、サプライチェーンを構成する他社における不祥事を防止するためには、どのような対応が考えられるのかを、検討しておくことも必要となるでしょう。

［第7章］

取締役会が変われば日本企業はGAFAにも中国企業にも負けない

従来型の資本主義への疑念が強まっている

コロナ危機、激化する米中対立、地球規模の異常気象……。今、世界はかつてなかったほどの激しい変動の時代を迎えています。

この先の見えない時代のなかで、ガバナンス改革にこれから取り組む日本企業はどのような道を歩むべきなのでしょうか。

本章ではその手掛かりとなり得るテーマを探ってみましょう。

まず、第一は、一つの大きな潮流として、現在、従来の資本主義とは異なる方向性を求める動きが国際的に強まっていることに留意する必要があるでしょう。

これまで、欧米や日本の企業は何よりも株主の利益を最優先としてきました。いわゆる株主第一主義といわれる考えです。また、一方では、国家資本主義と呼ばれるモデルも一部の国ではみられます。これは国家が経済活動を主導する形の資本主義であり、例えば中国・ロシアや、インド・ブラジルなどの新興国で採用されています。

これらはいずれも、「とにかく企業は売上・利益を上げればよい」という考えであるといえます。

しかし、そうした従来型の資本主義のあり方に対しては、現在、広く疑問が持たれ始めています。「ただお金を儲けるだけではなく、企業は倫理や道徳も大事にしなければならないのではないか」という見解が主流になりつつあるのです。

ここまでたびたび言及してきた国連SDGsとESGの考えも、そうした資本主義の見直しを図る流れに棹さすものといえるでしょう。

ステークホルダー資本主義の動向にも要注意……新しい資本主義の台頭

また、こうした資本主義の変容を示す言葉として、先に触れた「ステークホルダー資本主義」という言葉も現れています。

これは「株主の利益のみを優先するのではなく顧客・取引先・地域社会などの利害関係者（ステークホルダー）全般への貢献を重視するべきである」という考え方です。

アメリカ最大規模の経済団体「ビジネス・ラウンドテーブル」は2019年8月に、株主利益を最優先とする「株主第一主義」を廃止すると発表しました。そして、全利害関係者への約束として次の5つの事項を掲げました。

（1）顧　客
顧客の期待に応えてきた伝統を前進させる
（2）従業員
公正な報酬の支払いや福利厚生の提供
（3）取引先
規模の大小を問わず、良きパートナーとして扱う
（4）地域社会
持続可能な事業運営で、環境を保護する
（5）株　主
長期的な株主価値の創造に取り組む
（2019年8月20日付「日本経済新聞」より引用）

この声明には同団体の会長を務めるJPモルガン・チェースのジェイミー・ダイモン最高経営責任者（CEO）のほか、アマゾン・ドット・コムのジェフ・ベゾスCEOやゼネラル・モーターズ（GM）のメアリー・バーラCEOなど181人の経営トップが名を連ねています。

また、2020年1月にスイスのダボスで開催された世界経済フォーラムの年次総会（ダボス会議）では、ステークホルダー資本主義が主要なテーマの一つとして正面から掲げられました。

会議の中では、「資本主義は死んだ」と述べ、世界的に格差や不平等を生んだ株主至上主義を批判する声も上がったと伝えられています。

地域社会など公益への配慮も重視するステークホルダー資本主義のもとでは、取締役会において例えば次のような問題提起を行うことが求められるでしょう。

「わが社で製造している○○の原料はアフリカの途上国で低賃金の労働者によってつくられているが、問題ではないか」

「工場のある○○国ではますます貧困が進んでいる。何らかの形で利益を還元すべきではないか」

ステークホルダー資本主義はこのように他者への配慮を求める利他主義の要素を含んでいます。逆にいえば、ステークホルダー資本主義のもとでは、そうした利他主義に基づく、利他的行動を実現した企業が、投資家から信頼を得ることができ、選ばれることになるといってよいでしょう。

経営トップには、利他主義、利他的行動を企業経営の中心の一つに置く覚悟が求められているのです。

会社は誰のものか

「会社は誰のものか?」という古くて新しい議論のテーマがあります。

「株主のものだ」「いや、株主だけのものではない」などというように議論の決着がなかなかつかずにいるのは、この問いのなかに次のような2つの要素が混同されており、しかもそのことが十分に意識されていないからだと思います。

①会社の所有権は誰がもつのか
②会社は誰のために貢献すべきか（会社は誰のためにあるのか）

確かに、①の観点から考えれば、株主が「俺の会社」と主張することは間違いではありません。

しかし、②への配慮も必要でしょう。産業の情報化・サービス化、すなわち無形化が進んだ現在、株主が所有している財産の主要部分は、有形の土地・建物・設備ではなく、ブランド、ノウハウ、システムなどの無形財産です。

そして、その無形財産を維持しているのは「法人」を構成する生身の従業員（人）といえます。

したがって、株主は自分の会社の所有権を守り、有効に活用したいのであれば、まず「無形財産」を維持している従業員の利益を考え、彼らの能力を発揮させなければなりません。

このように、「従業員の利益」を考え、彼らがいきいきと働かなければ「無形財産」である「俺の会社」の価値は水泡に帰してしまうのです。

会社の所有権と経営が一体となった同族経営（オーナー社長による経営）に世間で考えられているよりもメリットが多いことは、いわゆる「プロ経営者」たち（MBAホルダーの頭でっかち等々）が、日本企業を結果として次々に破壊しているという憂慮すべき現実からもうかがえるといえます。

この点、オーナー社長は、自分の子や孫の代まで会社という「俺の財産」を残したいという願望をもっているため、「無形財産」の中心である従業員を「終身雇用」も含めたシステムで守ろうとします（他方でファミリービジネスに特有の負の側面も若干あるかもしれません）。

しかし、「プロ経営者」を含めたサラリーマン社長は、概ね4年間（大企業の場合）の〝会社のレンタル期間（任期）〟における業績向上にしか興味がないので、会社の無形財産である社員の将来については深く考えない傾向にあります。

改めて問いましょう、会社は誰のものなのでしょうか。

その答えは、①の「所有権」と②の「誰のためにあるのか」のどちらを重視するかで変わってきます。

また、「所有と経営の分離」によってもたらされる弊害、いわゆるエージェンシーコストの問題についても検討することが必要です（しかも、この「分離問題」は、所有者である株主そのものにも起こっています）。

果たして、高額な報酬やストックオプションなどをモチベーションとする人間、つまりは金で動くような人間に、本当に企業を発展させることができるのかは疑問です。

彼らにできるのは、せいぜい（将来の企業の発展を犠牲にして）目先の利益をかさ上げすることくらいではないでしょうか。

「企業は〝金儲けマシーン〟だ」という考えは決して正しくありません。企業経営において誠実さや他者への思いやりが重要であることは、世界で最高の投資実績を誇るバフェットも力説しているところです。

自然環境に配慮した経営が求められる

また、もう一つ国際的に大きなテーマとなっているのは、国連ＳＤＧｓの目標を踏まえて、地球に優しい経営をどのように実現するのかという問題です。

先にも触れたように地球温暖化が進むなかで、負荷がかかり過ぎた地球環境の行く末が案じられています。

それを受けて、気候変動への対応を求める株主提案が海外では活発化しています。

例えば、２０２０年６月11日付「日本経済新聞」によれば、同年５月だけでも、アメリカでは以下のような注目すべき株主提案が行われています。

・JPモルガン・チェース社に対して、国際的な気候変動対策「パリ協定」を達成するための行動計画の公表を求める株主提案に、5割近い賛成票が集まった。
・エクソンモービル社の株主が同社の温暖化対策を促進する目的で、会長と最高経営責任者（CEO）の兼務禁止を提案。否決されたが賛同は全体の30％余りにのぼった。
・シェブロン社に有利な気候関連政策を政治家に働きかける「ロビー活動費」の公開を求める株主提案が可決された。

そして、同様の流れは日本でも生まれつつあります。

一例を示すと、2020年3月にみずほファイナンシャルグループ（みずほFG）は、環境保護の活動に取り組むNPO団体、「気候ネットワーク」から、気候関連財務情報開示タスクフォース（TCFD）の提言に従って、気候関連リスクおよびパリ協定の目標に整合した投資を行うための計画を開示するよう求める株主提案を受けました。

つまりは、「石炭火力発電所への融資をやめろ」と求められたわけです。

これは、日本初の気候変動に関する株主提案でした。

「気候ネットワーク」のプレスリリースによれば、同年6月に開催されたみずほFGの株主総会では否決されたものの、35％の株主（金額にすると5000億ドルをはるかに超える株主）が同提案を支持しています。

特に、議決権行使助言会社大手のグラスルイス（Glass Lewis）とインスティテューショナル・シェアホルダー・サービシーズ（ISS）の2社は同提案への賛成を推奨していました。

みずほFGは、株主総会で2050年としている石炭火力発電所向けの与信残高をゼロにする目標を2040年に前倒し達成できるとみていることを説明し、また、電力ユーティリティーなどのリスクが高いセクターの事業構造転換を図ることを明らかにしています。

縄文文化にはこれからの経営のヒントが潜んでいる

このように持続可能な地球環境に貢献する企業が求められているなかで、これからの日本企業にとって一つのヒントになるのは、今から2100年以上昔、縄文時代の人々の文化や生き方かもしれません。

「そんな大昔の話が何の参考になるのだ」と思うかもしれませんが、考古学者や歴史学者らの研究によって、実は縄文時代は非常に豊かで素晴らしい時代だったという知見など指摘があるようです。

残された遺跡などから、縄文時代には、森林の伐採を最小限にとどめるなど周辺の環境保全にも配慮がなされていたと推測されているのです。

つまり、縄文人は長期継続型・循環型の社会をその頃、すでに実現していたといえるのです。このことは、縄文文化の研究に関わる多くの専門家、研究者によっても指摘されています。

例えば、2020年6月に予定された「芸術を生み出す縄文文化体感プログラム」の企画に関わった十日町市教育委員会 文化スポーツ部 文化財課 埋蔵文化財係 主査・学芸員の阿部 敬氏は次のように述べています。

「縄文時代の人々は1万3000年もの長い間、農耕栽培に移行せず、自然に寄り添って循環的に生きていました。権力や争いとも無縁です。これは、世界的にもほとんど類のない、非常に珍しい文化です。日本人の価値観の根っこ（根源）は、この縄文時代で形成されたと言ってもいいでしょう。」（文化庁のサイト中の「ここでしかできない『縄文』体験と里山の自然美が、皆さんを待っています～新潟県十日町市で『生きた歴史』に触れる～」より）

このように日本人の中には縄文時代に形づくられた循環型社会の価値観が脈々と伝えられてきたと考えられます。それはまた多くの企業人の心の奥底にもあるはずです。

今、日本はＩＴ後進国だが……

もう一つ、日本企業はガバナンス改革とともにＩＴ改革にも並行して取り組むことが必要です。

これまで日本が失われた30年を余儀なくされてきたのは、日本がＩＴ後進国であることが大きな理由の一つとして指摘されてきました。

ＯＥＣＤ（経済協力開発機構）が加盟36カ国を対象に、人工知能（ＡＩ）などの技術革新への対応状況などを調査してまとめた「スキル・アウトルック２０１９」では、以下のように日本のデジタル化が立ち遅れている現状が明らかにされています。

①日本において、オンライン講座などで技能向上に取り組んでいる人の比率は36・6％。日本はＯＥＣＤ加盟国の平均を下回っている

②ＩＴ関連の訓練が必要な教員の割合は日本ではおよそ80％。タブレット端末などＩＴ機器を授業で利用する割合も低い

③メールや表の作成プログラムなどを職場でどれくらい使うかを指数化したランキングでも日本は主要先進国を下回る

また、日本の労働生産性はＯＥＣＤ加盟36カ国中21位と低く、主要先進7カ国でみると最下位の状況です（次ページ図表）。その理由の一つとして、労働現場においてＩＴを十分に活用できずにいることが挙げられています。

[図表 24] OECD 加盟諸国の時間あたり労働生産性
(2018 年 36 カ国)

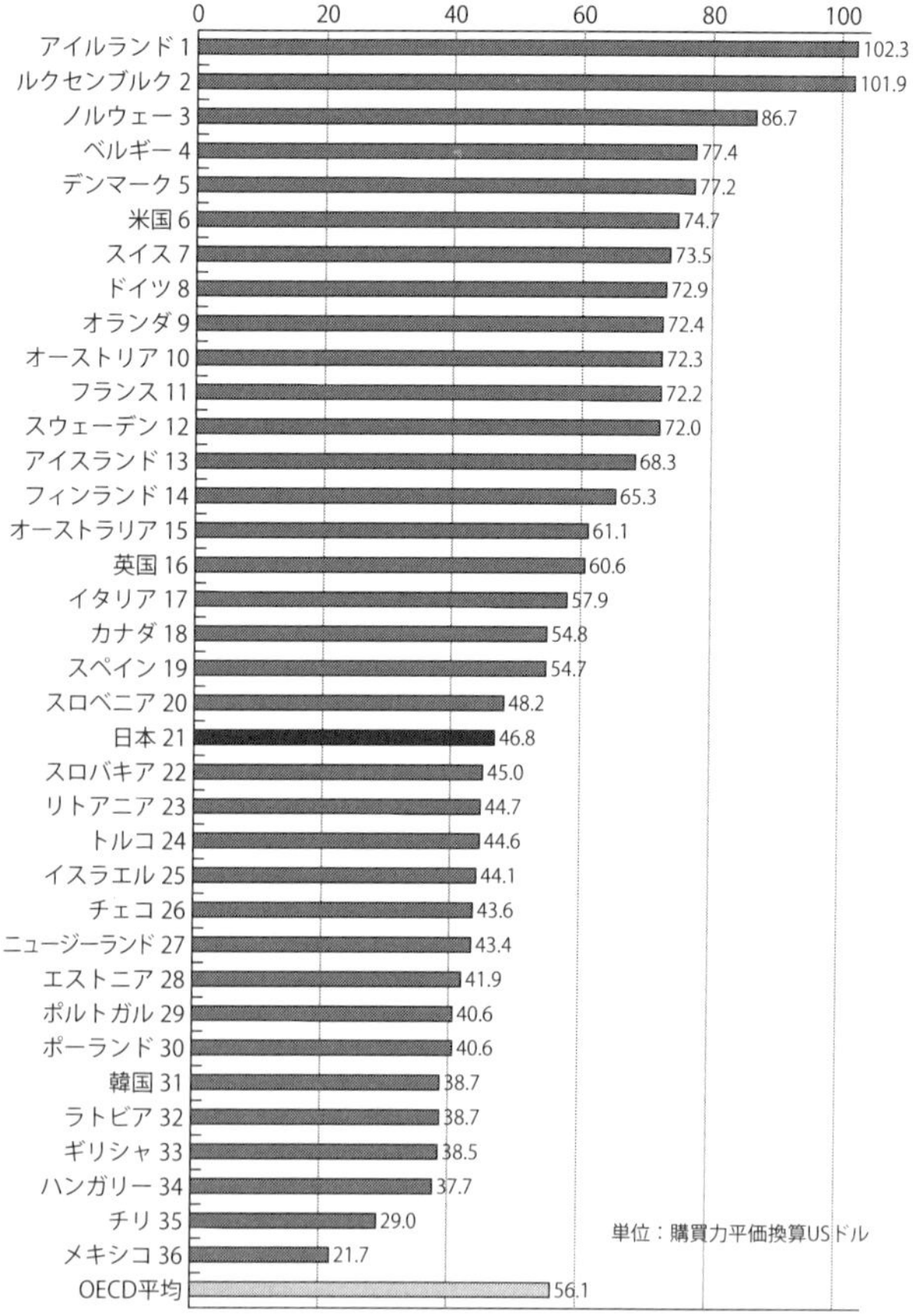

(日本生産性本部「労働生産性の国際比較2019」より)

日本人の変わり身の早さはＩＴ化を一気に推し進めるうえで有利に働く

しかし、逆にいえば、今、日本にとっては、大きなチャンスが広がっているといえるかもしれません。

日本がＩＴ化を一気に推し進めることができれば、労働生産性を格段に向上させることができる、その結果、国際競争力を大きく高めることが期待できるからです。

しかも、日本人に備わっているある一つの特質は、その大きなチャンスをつかむうえで有利に働くはずです。

その特質とは「変わり身の早さ」です。

例えば明治維新では、それまで幕府が支配していた封建社会だったのにもかかわらず、志士と呼ばれる下級武士を中心に倒幕を果たし、一夜にして西洋的な近代国家へと脱皮することに成功しました。

また、昭和の前期には軍事国家の道を歩み、中国、アメリカとの戦争に突入しましたが、敗戦後には一転して民主主義国家に変貌を遂げました。

このように日本は、たかだか百数十年の歴史を振り返ってみるだけでも、180度の転換を遂げた過去が2度もあり、しかも日本人のほとんどすべてがその変化をあっさりと受け入れてきたのです。

こうした変わり身の早さ、日本人の順応性の高さを発揮すれば、国も企業もデジタルテクノロジーを積極的に取り入れ、IT後進国からデジタル先進国へと一気に脱皮することができるはずです。

デジタルツインの可能性を極めよ

IT技術の中でも、特にデジタルツインに関わるイノベーションは大きな可能性を秘めているでしょう。

デジタルツインは先に述べたように、デジタルデータを基に物理的な製品等の状態や挙動をサイバー空間上に再現するソリューションです。

デジタルツインによって、従来は難しかった複雑なシミュレーションが可能になるといわれています。

そうしたデジタルツインのシミュレーション技術を利用して、新たなビジネスの取り組みを積極的にスタートした企業もすでに現れ始めています。

たとえば、鹿島建設は、建物のすべてのフェーズでＢＩＭ（ビルディング・インフォメーション・モデリング）による「デジタルツイン」を実現したことを２０２０年５月11日付のプレスリリースを通じて発表しています。

具体的には、同社が現在手掛けているオービック御堂筋ビル新築工事において建物の企画・設計から施工、竣工後の維持管理・運営までの各情報をすべてデジタル化し、仮想空間上にリアルタイムにデータを再現しました。

こうしたデジタルツインの試みは、他の業種・業態にもこれから広がっていくに違いありません。

一例を示すと、先にコロナ禍が深刻化し緊急事態宣言が出されたなかで、多くの百貨店は入客を控えなければならない状況に陥りました。

今後も再び、同様の事態が起こらないとは限りません。

そのような場合でも売上を確保できるよう、消費者が家にいながらバーチャル空間で実際にデパートの中にいるかのように買い物を楽しめるような仕組みを作ることが考えられます。

仮想現実の技術は日々、進化し続けています。商品を目にする感覚はもちろん、手に取って重さを感じることまで再現できるようになるかもしれません。

5G時代には全業種にチャンスがある

5G時代を本格的に迎えようとしているなかで、経済誌等では「主役の企業はどこなのか」「どの業界が最も利益を得られるのか」といった話題が取り沙汰されています。

過去を振り返ると、1Gや2Gの時代にはNTTなどの通信業界が、3Gの時代にはソニーや京セラなどの端末メーカーが、そして4Gの時代にはアメリカのGAFAや中国のバイドゥ、アリババなどのIT企業がその恩恵を最も受けたといえるでしょう。

では、5G時代はどの業種、どの企業が？――というと、個人的には、全業種、全企業が主導権を握るチャンスがあると考えています。

通信速度が飛躍的に向上することにより、右で述べたデジタルツインが示すようにリアル空間とサイバー空間がオーバーラップする世界が広がります。

そうした新たな環境を最大限にビジネスに活用することができれば、どのような業種でも新しいイノベーションを生み出し、また新たな市場を切り開くことができるはずです。チャンスは文字通り、すべての企業の前に平等に広がっているのです。

外部の目を入れれば学校法人、公益法人等のガバナンス改革も可能に

ここまで述べてきた取締役会改革の視点やポイントは、公益法人など企業以外の団体・組織にも応用することができるでしょう。

とりわけ〝社外取締役の活用〟は、つまりはしがらみのない外部の第三者の力を借りて抜本的な組織改革に取り組むことには非常に有効なはずです。

例えば学校法人であれば、現在、少子化が進むなかで、私立学校を取り巻く環境は非常に厳しくなっており、地域によっては生徒を十分に確保することが難しくなっているでしょう。

そこで、広いエリアで複数の学校を運営しているような法人の場合には、それらの統廃

合も検討しなければならないはずです。

しかし、先に述べた企業の事業撤退の例と同様に、理事が内部出身者（学校法人の元職員、元教師など）ばかりだと理事会ではそうした議論をしづらくなります。統廃合の対象となる学校と関わり合いが深い理事に対してどうしても気兼ねしたり、忖度する雰囲気が生まれるからです。

一方、外部から来た理事であれば、他の理事に気を使うことなく率直にものを言うことができます。

「〇市のA小学校は近年、入学者が減少しており、この先も、志望者が増える見込みはないので思いきって廃校にして、残りの学校に経営資源を振り向けるべきではないでしょうか」などと積極的な提言を行えるはずです。

こうした学校法人などのように公益性が高く、社会的責任が大きい組織は、どうしても現状維持の空気が強くなり、変革のための議論をしにくくなる傾向があるかもしれません。

しかし、そうした状況に風穴を開けて、必要に応じて骨太の議論を行い改革に取り組んでいかなければ、変化の激しい今の社会や時代に対応していくことは困難になるでしょう。

[図表 25] 外からのまなざしを積極的に取り入れながら社会全体を活性化

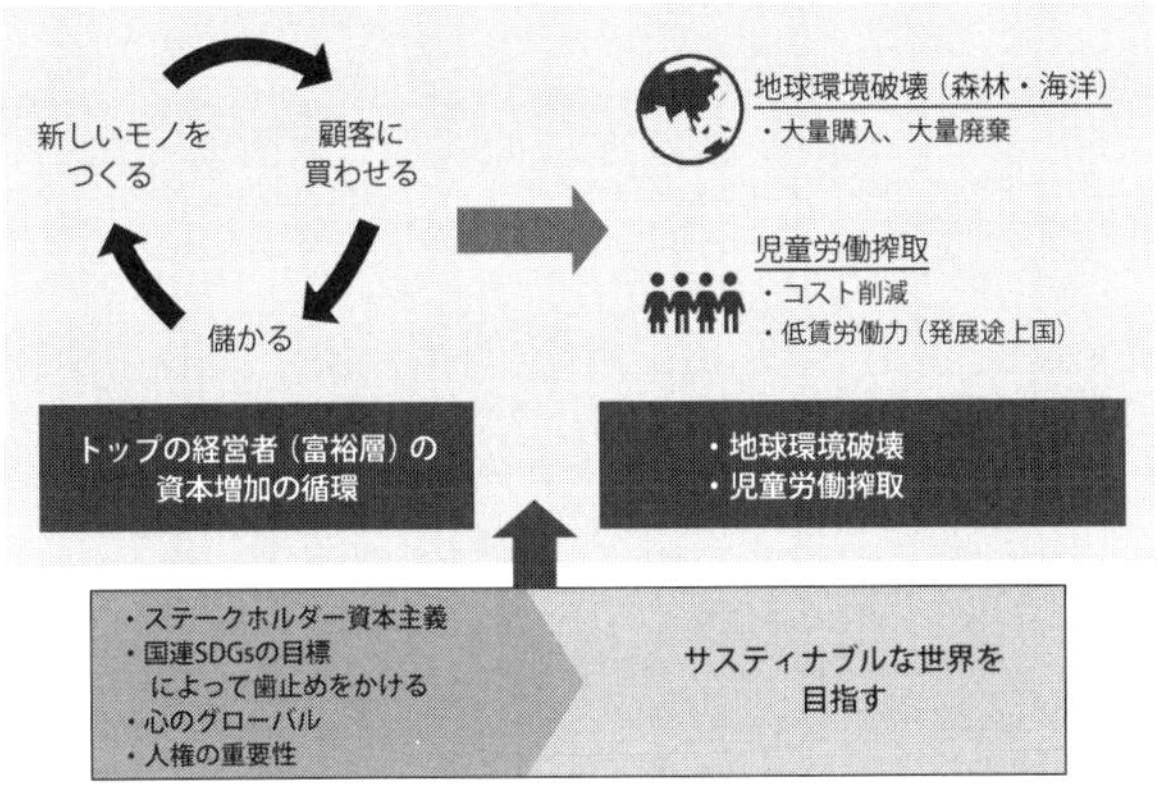

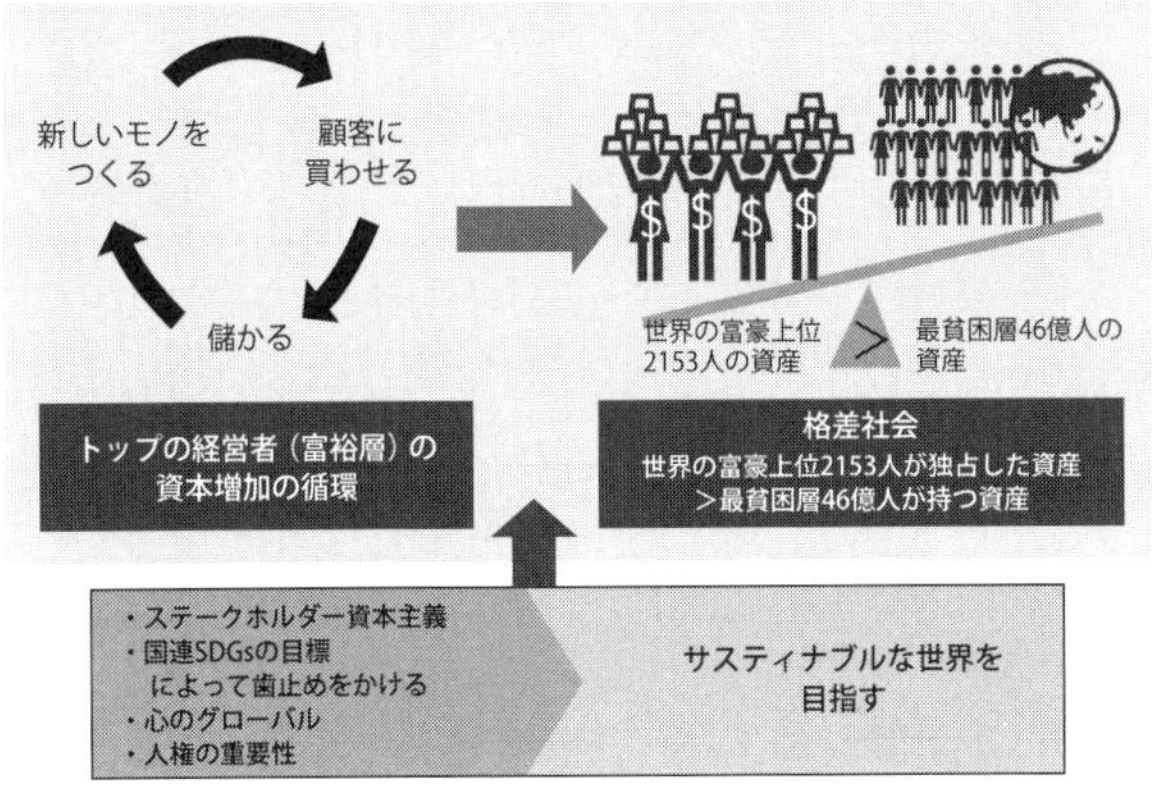

また、そのように外からのまなざしを積極的に取り入れながら、公益法人をはじめとしたさまざまな団体・組織が改革に意欲的に取り組むことで、結果として、社会全体が活性化することになり、失われた30年の低迷から、日本が脱することが期待できるかもしれません。

おわりに

本書の締めくくりとして、ここまで述べてきたこととは異なる観点もまじえながら、これからの日本企業と取締役会に求められる大きな視点について改めて触れておきたいと思います。

日本企業が直面する課題

まず、現在、日本企業が直面している問題は、以下のような2つの命題として整理することが可能です。

命題1：失われた10年どころか、もう30年。フォーチュン・グローバル500企業にリスティングされる企業が減るなど日本企業の低迷・停滞が続いている。

命題２：ウィズコロナ、アフターコロナの状況とＩＴ化、デジタル技術の進展のなかで予測のつかない変化がますます加速している。

そして、この２つの命題に示されている問題を解決するためには、日本企業が抱えている弱点・欠点をしっかりと認識することが必要となるでしょう。

それは、戦略面と組織面という２つの側面から分析することが可能です。

まず、戦略面における弱点・欠点としては、以下のような点が挙げられています。

①明確な戦略概念が乏しい
②急激な変化への対応が遅い
③①、②の弱点のために大きなブレイクスルーを生み出すことが難しくなっている

一方、組織面における弱点、欠点としては、次のような点が指摘されています。

①集団間の統合の負荷が大きい（社員間の意識の統合に時間がかかり過ぎる）
②意思決定に長い時間を要する
③異質性の忌避、異端の排除が起きる。そのために社員の発想や行動が均一化してしまう

こうした戦略面と組織面における弱点・欠点は、日本企業が集団的思考を特質としてきたことの裏返しとしてもたらされたものといえるでしょう。

以心伝心やあうんの呼吸であいまいな情報をうまく伝達できるなど、日本企業特有の集団的思考には大きな強みがあります。

しかし、そうした日本企業の特質、強みとされてきたものが、逆機能化し、変化への対応が求められる今の時代においては弱みとなってしまっているのです。

こうした状況を打破するために、外部からの刺激を組織に与えること、自分たちの固定的な発想のおかしさ、歪みへの気づきを促すことが求められているのです（そのために、社外役員の利活用が不可欠となることはすでに詳述した通りです）。

またもう一つ、新たな環境変化に対応するためには、自己変革能力もしくは自己革新能力の創造も必要となります。

そして、そのためには、「学習棄却」の取り組みが求められることになるでしょう。学習棄却とは、既存の知識や価値観を意識的に捨てて新しく学び直すことであり、アンラーニングともいわれます。一般論として、日本型の組織においてはこのアンラーニングの発想が広く欠けていたように思われます。

戦前の日本軍の失敗に関しても、その本質は特定の戦略原型に徹底的に対応し過ぎていたために学習棄却ができなくなったことにあるといわれています。その結果、自己変革能力を失ったことが無謀な戦争に突入し敗北した原因と指摘されているのです。

現代の日本企業にもそれは当てはまるでしょう。これまでの成功体験とそれを支えてきた知識や価値観にとらわれ過ぎているために、ビジネスにおける需要と供給のギャップについて十分な分析を行えずにいるのです。

そのために、人々の欲しているモノ・サービスと企業が提供するものとの間に大きなギャップが生じているのです。

失われた30年の低迷から抜け出せず（命題1）、予測のつかない変化に対応できずにいる（命題2）根本的な理由はまさにそこにあるといってよいでしょう。

そうした現状を変えるためには、やはり既存の戦略や自社の組織を疑い、新たな知識を獲得しチャレンジしていく自己変革、自己革新のスタンスが必須となるのです。

「言葉の力」が経営を左右する

時代の変化に臨機応変に対応していく企業を作るためには、『トップの言葉』が重要になります。

例えば、ある上場企業の経営者は株主総会の場でＳＤＧｓの達成に向けた取り組みこそが企業の成長エンジンになると高々と宣言しました。

さらに、この会社においては、ＳＤＧｓの17の目標の中からいくつかを中長期的な活動として重点的に取り組む課題としてセレクトしています

中でも、気候変動に関しては事業活動に与える影響を重視して気候関連財務情報開示タ

スクフォースによる提言に賛同表明して、その実践を行う姿勢を明らかにしています。

また、別のある会社では近時、経営者が3つのテーマを対処すべき課題として挙げていました。

1つ目は、グループ会社の経営をどのように遂行していくのか、2つ目はコアビジネスを中心に新事業や新市場を創出していくこと、3つ目は、少子高齢化が進むなかで、グローバルな事業展開の加速をどのように行っていくかです。

これら3つの問題はほかの上場企業にとっても非常に重要なテーマといえるでしょう。

まず1つ目のグループ経営に関する課題については、大企業であればあるほど事業の選択と集中や既存事業の構造改革の推進が必要になるはずです。

具体的には、デジタルトランスフォーメーションを念頭に置いた新事業の領域拡大に向けた積極的な事業投資の実施が求められます。

それとあわせて事業ポートフォリオの革新の推進、つまりは事業ごとのポートフォリオと資本効率、資本コストを重視した経営に切り換えていくことも進めなければなりません。

また、2つ目の新事業・新市場の創出についてはAI、5G、そしてビッグデータの利活用を意識することが不可欠となります。

石油の時代からデータの時代に移り変わるなか、そうしたデジタル分野に関わる需要の取り込みをどのように図るかが重要になってくるでしょう。

特にウィズコロナ、アフターコロナの状況下で、〝非接触型〟などのキーワードに象徴されるようにコミュニケーション環境が急激に変化しているところです。

そのなかで、一層デジタル技術のニーズが高まっています。

独自のデジタル技術をもたない会社であっても、他社が開発した企業の成果を自社に取り入れるなどの形で対応できるはずです。

ことに、本文中の〝リアル社会空間、サイバー空間、私的空間の三空間〟などで触れたようにセキュア技術の強化等をはじめ、これからさまざまな課題が続々と生まれるはずです。そうした新たな社会課題の解決に向けて企業はますます貢献していかなければならないでしょう。

3つ目のグローバルな事業展開の加速に関しては、自社の事業ドメインを鑑みつつそのために何を行うべきかが問われることになります。
例えば、国外に工場を立ち上げたら、つながりの深い部品メーカーを連れてきたり、現地雇用の環境に加え人権を十分に意識した体制の構築をしっかりと行っていくことなどが求められます。

このように、経営のトップ層から発せられる言葉には、ＳＤＧｓ及びＥＳＧを意識した視点が自ずと組み込まれ、従業員をコアとした、当該企業のステークホルダーに語りかけることがいっそう重要になってくるでしょう。

この点、「equity」という概念については、多義的ではありますが、道徳的観点から、「衡平・公正」の文脈でも捉えることができるところです。

地球環境の激変や格差の著しい拡大に鑑みた場合、次にも述べるとおり、新たな正義に基づく世界規模のルールの変容が起きているといえます。かような価値観の変容が、企業経営者に対して無意識に求めていることは、「公正・衡平な経営」の必要性という観点ではないかと思われます。

経営者は、社外役員とともに考え抜いた事業戦略について、「エクイティー・マインド」をもって表現し、語りかけ、そして経営を推進していくことが求められると思います。

法の正義や社会規範・価値観は変容する

最後に、法やルール、社会規範の変容という枠組みから、今、世界で起こっていることの意味を再確認しておきましょう。

歴史的にみると、わが国は、二度の外国法の大きな影響を受けてきました。

一つは古代における中国からの「律令制度」の継受であり、もう一つは明治期における西欧法の摂取です。明治維新政府は、1858年に調印した不平等条約（日米修好通商条約）の撤廃という政治的目的を達成すべく、フランス、ドイツを中心とする「ヨーロッパ大陸法」を全面的に摂取し、近代的法制度の基礎としました。

さらに、戦後は、ヨーロッパ大陸法を基礎とする法制の上に「アメリカ法」を継受したと評価することも可能でしょう。そう考えれば、外国法から大きな影響を受けたのは二度ではなく三度ということもできます。

継受ないし摂取されたこれらの外国法とわが国の伝統や文化等（さらにはそれらを基盤とする固有法なり慣習法）との間には当然ながらずれや食い違いがありました。

具体的に述べると、大化改新以降、中国の律令制度に倣って定められた律令の体系と人々の現実の生活との間には、ずれがあったといわれています。また、明治維新以降、西欧の近代国家の法典に倣って編纂された明治の近代法典の体系と現実の国民生活との間にも、大きな齟齬があったとされます。

さらに、第2次大戦後の日本も同様です。日本国憲法によって象徴されるアメリカ法的政治体制と市民生活との間にも、ずれは依然として存在しています。

とはいえ、わが国は、それらの外国法を日本流にアジャストしてきたといえるのではないでしょうか。

また、そもそも日本は古来より法的な争いの少ない国だったのかもしれません。例えば、

3世紀末に書かれた中国の史書『魏志倭人伝』では、「倭人」と呼ばれていた当時の日本人の間では、盗みもなく、諍いや訴訟も少ないと記録されています。

現代でも、わが国の企業経営者は、法的トラブルが少ないというメリットを最大限に活かして自社を成長させ、世界にチャレンジしてきました。

しかし一方では、リーガルリスクへの十分な対策が乏しいまま世界と闘うからなのか、過去の東芝ココム事件などが物語るように法的な問題に巻き込まれ手痛い目にあうこともあります。

SDGsや株主権利に関わる新たな価値観や社会規範（特にステークホルダー資本主義）は、先にも述べたとおり、アメリカ法ではなく、ヨーロッパ的な価値観に基づくものといえます。

さらに、今世界は、米国、中国、そしてヨーロッパの三極を軸に動いている、という評価もあるところです。

そうした状況のなかでわが国の企業経営者がどのような方向を目指すべきなのかは、政治的な観点からではなく、企業本来のあり方に立ち返って考えるべきでしょう。

すなわち、企業として新たな付加価値を顧客に提供していきながら、持続的な成長を遂げるという視点から判断することが必要です。

イノベーションを起こし、さまざまな財やサービスを、新たなバリューを世界に提供し続け、顧客や従業員に尽くし、評価される……、この観点から考えるべきです。

このように、先の米中二極の覇権争いや、そこにヨーロッパを入れた三極の価値観の違いを感じ取りつつ、「企業経営していく＝取締役会で議論していく」ことがこれからの企業経営においては大切となるでしょう。

企業経営者はもちろん、社外の取締役と監査役が取締役会の議論において重要な責務を果たすことが期待されているのです。

現在、起こっていることは新たな正義に基づく世界規模のルールの変容です。そうした変容の受容は、過去における外国法の摂取・継受の歴史が示すように日本人が得意とするところのはずです。

また、ここで改めて強調しておきたいのは、新たなヨーロッパ的な価値観は、わが国の伝統的な価値観との親和性が明らかに高いということです。

地球規模での環境激変は、循環型社会、再生回帰思想的な部分に、人が立ち返ることを示しているのかもしれません（そうした縄文時代の基層的な死生観を基に企業経営はできないかを検討してみても面白いかもしれません）。

さらに、ＳＤＧｓやステークホルダー資本主義の台頭は、「会社は誰のものか」という古くて新しいテーゼを、再度、我々に問いかけています。

日本の経営者こそが、その解を世界に向けて発信できると確信しています。

最後に、幻冬舎メディアコンサルティングの伊藤英紀さんと鈴木健一さんには、何度も打ち合わせにお付き合いいただき、ありがとうございました。そして、何よりも、土井真波さんのお助けがなければ本書は成立しなかったです。心から謝意を表します。

２０２１年１月吉日　岩田合同法律事務所パートナー弁護士　本村 健

参考文献

亀山康子＝森　晶寿編著『シリーズ　環境政策の新地平１　グローバル社会は持続可能か』（岩波書店、２０１５）
日経エコロジー『ＥＳＧ経営　ケーススタディ20』（日経ＢＰ社、２０１７）
日経ＢＰ総研『日経ＢＰ総研２０３０展望　ビジネスを変える　１００のブルーオーシャン』（日経ＢＰ、２０１９）
亀井卓也『５Ｇビジネス』（日本経済新聞出版社、２０１９）
村上　芽＝渡辺珠子編著『ＳＤＧｓ入門』（日本経済新聞出版社、２０１９）
日立東大ラボ『Society（ソサエティ）5.0　人間中心の超スマート社会』（日本経済新聞出版社、２０１８）
モニター　デロイト『ＳＤＧｓが問いかける経営の未来』（日本経済新聞出版社、２０１８）
水口　剛『ＥＳＧ投資　新しい資本主義のかたち』（日本経済新聞出版社、２０１７）
エヴァン・ギルマン＝ダグ・バース編著『ゼロトラストネットワーク　境界防御の限界を超えるためのセキュアなシステム設計』（オライリー・ジャパン、２０１９）
マーヴィン・キング『ＳＤＧｓ・ＥＳＧを導くＣＶＯ（チーフ・バリュー・オフィサー）』（東洋経済新報社、２０１９）
クラウス・シュワブ『第四次産業革命　ダボス会議が予測する未来』（日本経済新聞出版社、２０１６）
松田千恵子『ＥＳＧ経営を強くする　コーポレートガバナンスの実践』（日経ＢＰ社、２０１８）
渡部昭彦『日本の人事は社風で決まる　出世と左遷を決める暗黙知の正体』（ダイヤモンド社、２０１４）
野口悠紀雄『世界史を創ったビジネスモデル』（新潮社、２０１７）
吉原達也ほか『リーガル・マキシム　現代に生きる法の名言・格言』（三修社、２０１３）
リンダ・グラットン＝アンドリュー・スコット『LIFE SHIFT（ライフ・シフト）１００年時代の人生戦略』（東洋経済新報社、２０１６）
ケリー・マクゴニガル『スタンフォードの自分を変える教室』（大和書房、２０１２）

クリスティーン・ポラス『Think CIVILITY「礼儀正しさ」こそ最強の生存戦略である』（東洋経済新報社、２０１９）
宮島英昭『日本の企業統治 その再設計と競争力の回復に向けて』（東洋経済新報社、２０１１）
遠山美都男ほか『人事の日本史』（毎日新聞社、２００５）
小林喜光監修・経済同友会著『危機感なき茹でガエル日本 過去の延長線上に未来はない』（中央公論新社、２０１９）
山口 周『ニュータイプの時代』（ダイヤモンド社、２０１９）
荒木博行『世界「倒産」図鑑 波乱万丈25社でわかる失敗の理由』（日経ＢＰ社、２０１９）
大山 誠『グローバル企業のビジネスモデルをつかむ 英文決算書の読みかた』（ソシム、２０１９）
ルートポート『会計が動かす世界の歴史 なぜ「文字」より先に「簿記」が生まれたのか』（KADOKAWA、２０１９）
チャールズ・Ａ・オライリー＝マイケル・Ｌ・タッシュマン『両利きの経営「二兎を追う」戦略が未来を切り拓く』（東洋経済新報社、２０１９）
野口悠紀雄『平成はなぜ失敗したのか「失われた30年」の分析』（幻冬舎、２０１９）
馬田隆明『成功する起業家は「居場所」を選ぶ 最速で事業を育てる環境をデザインする方法』（日経ＢＰ社、２０１９）
ジェレミー・シーゲル『株式投資の未来 永続する会社が本当の利益をもたらす』（日経ＢＰ社、２００５）
ジェレミー・シーゲル『株式投資 長期投資で成功するための完全ガイド 第４版』（日経ＢＰ社、２００９）
デビッド・クラーク『マンガーの投資術 バークシャー・ハザウェイ副会長チャーリー・マンガーの珠玉の言葉――富の追求、ビジネス、処世について』（日経ＢＰ社、２０１７）
田瀬和夫＝ＳＤＧパートナーズ『ＳｄＧｓ思考 ２０３０年のその先へ 17の目標を超えて目指す世界』（インプレス、２０２０）
アリソン・レイノルズほか『よきリーダーは哲学に学ぶ』（ＣＣＣメディアハウス、２０２０）
安宅和人『シン・ニホン ＡＩ×データ時代における日本の再生と人材育成』（ニューズピックス、２０２０）

本村 健（もとむら たけし）
岩田合同法律事務所パートナー弁護士。
1970年東京都千代田区生まれ。1995年慶應義塾大学大学院前期博士課程修了。1997年弁護士登録。2003年ワシントン大学ロースクール修了（LL.M.）。2003年～2004年米国法律事務所勤務。2007年～2015年慶應義塾大学法科大学院講師。2015年～2018年最高裁判所司法研修所民事弁護教官。2019年東京大学客員教授。2020年～東京大学大学院法学政治学研究科非常勤講師。現在、上場企業の社外取締役および監査役に就任。学校法人の監事にも就任。

本書についての
ご意見・ご感想はコチラ

グローバル競争を勝ち抜くための
「取締役会改革」入門

二〇二一年一月二〇日 第一刷発行

著 者 本村 健
発行人 久保田貴幸
発行元 株式会社 幻冬舎メディアコンサルティング
〒一五一-〇〇五一 東京都渋谷区千駄ヶ谷四-九-七
電話 〇三-五四一一-六四四〇（編集）
発売元 株式会社 幻冬舎
〒一五一-〇〇五一 東京都渋谷区千駄ヶ谷四-九-七
電話 〇三-五四一一-六二二二（営業）
印刷・製本 シナノ書籍印刷株式会社
装 丁 弓田和則

検印廃止

Printed in Japan ISBN 978-4-344-93073-5 C0034
幻冬舎メディアコンサルティングHP http://www.gentosha-mc.com/